s)

acré-Cœur

ONTMARTRE

La Villette

Gare du Nord

Gare de l'Est

Parc des
Buttes-Chaumont

Canal St-Martin

Place de la République

ée du
vre

Forum
des Halles

Centre
Georges Pompidou

Cimetière du
Père-Lachaise

Notre-Dame

QUARTIER
DU MARAIS

lle de la Cité

des-Prés

Bd. St-Germain

Sorbonne

Ile St-Louis

Bd. Henri IV

Opéra
Bastille

Bd. Diderot

Place de la Nation

rg

Panthéon

QUARTIER LATIN

Institut du
Monde Arabe

Jardin des Plantes

Gare de Lyon

Ministère des Finances

Montparnasse

Gare
d'Austerlitz

Palais Omnisport
de Paris-Bercy

Place d'Italie

Bois de Vincennes

Bibliothèque Nationale

Parc Montsouris

Seine

taire

音声について

本書の音声は，下記サイトより無料でダウンロード，
およびストリーミングでお聴きいただけます．

https://stream.e-surugadai.com/books/isbn978-4-411-01133-6/

＊ご注意
・PC からでも，iPhone や Android のスマートフォンからでも音声を再生いただけます．
・音声は何度でもダウンロード・再生いただくことができます．
・当音声ファイルのデータにかかる著作権・その他の権利は駿河台出版社に帰属します．
　無断での複製・公衆送信・転載は禁止されています．

Maiko TOKAI
Jean-Gabriel SANTONI

SURUGADAI
SHUPPANSHA

謝　辞

　この教科書 *Chez Madeleine* は，広島の老舗フランス菓子店 POIVRIERE（ポワブリエール）のお菓子との幸福な出会いから生まれました．フランスの文豪マルセル・プルーストの『失われた時を求めて』の有名な挿話 — 主人公が Petites Madeleines を紅茶に浸して口に含んだ瞬間に幼い頃の記憶がよみがえる— からインスピレーションを受けて作られたポワブリエールの「プチット・マドレーヌ」．その文学的な香りに惹かれて，ポワブリエール本店を訪れると，そこはゆったりとした居心地の良いカフェでした．そこでうかがったシェフのまるで小説のような来し方，何のつてもなく単身フランスに飛び出し，本場フランス菓子を学んでこられたパイオニア精神に感銘を受け，そこから *Chez Madeleine* の世界が広がっていきました．貴重なお時間を割いて，快く取材に応じてくださっただけでなく，たくさんのお写真をご提供くださった市原シェフとマダム・ジョスリーヌ，そして感じよく丁寧に対応してくださったポワブリエールの従業員の皆様に，心よりお礼申し上げます．

POIVRIERE（ポワブリエール）

所在地　：広島県広島市中区舟入南 3-12-24
電話番号：082-234-9090
http://www.poivriere.com/

　この場を借りて，ありがたいご教示を惜しみなくくださった恩師の藤田裕二先生に心より感謝申し上げます．そして，的確なご指摘と多彩なアイディアで軌道修正をしてくださりつつ完成まで導いてくださった編集者の上野名保子さん，想像を超えた秀逸なデザインを編み出してくださった小熊未央さん，内容にぴったりの素敵な写真をフランスでたくさん撮ってきてくださった井田純代さんに心より感謝申し上げます．

装幀・本文デザイン：小熊未央

写真：POIVRIERE（ポワブリエール）
　　　藤田裕二
　　　Jean-Gabriel Santoni
　　　東海麻衣子
　　　井田純代
　　　Adobe Stock
　　　Wikimedia

　カフェと登場人物の写真はすべて，パリのカフェ Les Parigots で撮らせていただきました．写真の通りの素敵なカフェなので，パリに行った際には，この教科書を片手に是非お立ち寄りください．

　Nous tenons à adresser nos plus vifs remerciements à la sympathique équipe de l'établissement Les Parigots, véritable bistro parisien qui a servi de cadre au café *Chez Madeleine*.

Les Parigots
5 rue du Château d'Eau 75010
http://www.lesparigots.fr/ja/

はしがき

彼女の名前は Madeleine. フランスのトゥールという街に住んでいます. Madeleine の父が料理を作り，母がお店を切り盛りするカフェ Chez Madeleine の看板娘です. Chez Madeleine の Chez とは,「〜の店」とか「〜の家」といった意味. Madeleine は大学卒業後，両親と一緒にこのカフェで働いています.

　これから皆さんは，Madeleine の日常生活を目にしながら，よく使われる表現を中心にフランス語を学んでいきます. なにより大切なのは，何度も発音して会話や言い回しを覚え込むことです.

　まず，Dialogue はすらすら暗唱できるまで声を出して練習しましょう. そして先生の前で暗唱し発音をチェックしてもらいましょう.

　Activité は，クラスメートとフランス語での会話を楽しむための演習です. 時には，席を立って，色々な人とやり取りしてみるのもいいですね.

　最初は難しく思えるフランス語も，これらの演習を繰り返すことで，次第にすらすら話せようになっていることに驚かれることでしょう.

　同時に，Grammaire をしっかり学び，巻末にある Exercices を解くことで，フランス語の理解を深めていってください. 辞書があればどんな文章も読めるというレベルにまで行き着きたいものです.

　各 Leçon の最後には，Madeleine による Civilisation のコーナーがあります. フランスがどんな国なのかを一人の若いフランス人 Madeleine の視点から見ていくことで，私たちが当たり前だと思っていることが実はそうでもないこと，世の中には多様な文化や価値観があることを知って，視野を広げていってもらいたいと願っています.

　皆さんのフランス語学習が楽しく実り多いものとなりますように.

　それでは，Chez Madeleine の扉を開いてみましょう.

2019年夏

著者

Table des matières

002

Alphabet

基本となる文字は英語と同じ 26 文字のアルファベット（フランス語ではアルファベ）です.

A a [a]	B b [be]	C c [se]	D d [de]	E e [ə]
F f [ɛf]	G g [ʒe]	H h [aʃ]	I i [i]	J j [ʒi]
K k [ka]	L l [ɛl]	M m [ɛm]	N n [ɛn]	O o [o]
P p [pe]	Q q [ky]	R r [ɛːr]	S s [ɛs]	T t [te]
U u [y]	V v [ve]	W w [dubləve]		
X x [iks]	Y y [igrɛk]	Z z [zɛd]		

＊母音字と子音字：「母音字」とは，a, i, u, e, o, y の 6 文字を指します．それ以外は「子音字」です.

＊h はどんな場合でも決して発音されません.

＊k, w は外来語由来の単語に対してのみ用いられます.　kilomètre wagon

À vous

■ 自分の名前をアルファベで言ってみましょう.

綴り字の読み方

フランス語の綴り字の読み方は，英語に比べてかなり規則的です．最初に規則を覚えれば 後は楽です．

(004) ◆ 綴り字記号 (アクサン記号)

[´] アクサン・テギュ：**é**

[`] アクサン・グラーヴ：**à è ù**

[^] アクサン・スィルコンフレックス：**â ê î ô û**

[¨] トレマ：**ë ï ü**

[₃] セディーユ：**ç**

✈ アクサン記号はアクセントとは関係なく，文字の一部となる綴り字上の記号です．それぞれ，発音や意味を変える役割をもちます．

✈ このほか，合字と呼ばれる文字 œ 「オ・ウ・コンポゼ」があります．**sœur** 姉妹 **œuvre** 作品

◆ 母音字

(005) ❶ 単母音字 (単独で用いられる母音字です)

- **a à â** [a]/[ɑ] ア ：**ami** 友達　**là** そこ　**âme** 魂
- **e** [-] 無音 / [e] エ / [ə] ウ：**classe** クラス　**avec** 一緒に　**petit** 小さい
  - ✈ 語末の e は無音．音節内で〈e + 子音字〉の e は「エ」，その他は「ウ」．
- **é è ê ë** [e]/[ɛ] エ ：**bébé** 赤ん坊　**père** 父　**tête** 頭　**Noël** クリスマス
- **i î y** [i] イ ：**image** イメージ　**île** 島　**stylo** ペン
- **o ô** [o][ɔ] オ ：**mot** 単語　**hôpital** 病院
- **u û** [y] ユ ：**université** 大学　**flûte** フルート

À vous

次の単語を読みましょう．

① table　② cinéma　③ service　④ menu　⑤ type　⑥ école

(006) ❷ 複母音字 (2つ，あるいは3つの母音字を1つの母音として発音します)

- **ai ei** [ɛ] エ ：**maison** 家　**neige** 雪
- **eu œu** [ø][œ] ウ：**peu** 少し　**cœur** 心
- **au eau** [o] オ ：**automne** 秋　**bateau** 船
- **ou où oû** [u] ウ ：**amour** 愛　**où** どこ　**goût** 味
- **oi oî** [wa] オワ：**roi** 王　**boîte** 箱

À vous

次の単語を読みましょう．

① Seine　② deux　③ auto　④ tout　⑤ mauvais　⑥ oiseau

(007) ❸ 鼻母音 (母音字 + m, n で鼻にかかる音になります)

- **an am en em** [ɑ̃] アン：**France** フランス　**jambe** 脚　**ensemble** 一緒に
- **in im ym ain aim ein** [ɛ̃] エン：**vin** ワイン　**simple** 単純な　**symbole** シンボル　**main** 手

· **un　um**　　　　　　　[œ̃] エン：br**un** 茶色の　　parf**um** 香水
· **on　om**　　　　　　　[ɔ̃] オン：b**on** 良い　　n**om** 名前
　　✈ 実際には [ã] は「オン」，[ɛ̃] [œ̃] は「アン」に近い音に聞こえます．

À VOUS

次の単語を読みましょう．
① fin　　② pont　　③ jambon　　④ pain　　⑤ lundi　　⑥ enfant

(008) ❹ **半母音**（単独では音節を作らず，前後の母音と1拍で発音します）
· **i**　　　[j]　イ＋母音字：**pi**ano ピアノ
· **ou**　　[w]　ウ＋母音字：**ou**i はい
· **u**　　　[ɥ]　ユ＋母音字：n**u**it 夜
· **ill**　　[ij]　イーユ　　：f**ill**e 娘
· **ail**　　[aj]　アイユ　　：trav**ail** 仕事
· **eil**　　[ɛj]　エイユ　　：sol**eil** 太陽

À VOUS

次の単語を読みましょう．
① mariage　　② ouest　　③ lui　　④ famille　　⑤ taille　　⑥ Marseille

(009) ◆ **子音字**

語末の子音字は原則として発音しません．：Pari**s** パリ　che**z** 〜の店（家）
ただし c, r, f, l は発音されることが多いので注意しましょう．：ave**c** 一緒に　tou**r** 塔　neu**f** 9
cheva**l** 馬
　　✈ 英語の careful に含まれている子音字と覚えましょう．

· **c**　　[s] ス / [k] ク　：mer**c**i ありがとう　**c**afé カフェ（c + e, i, y の場合は「ス」，それ以外は「ク」）
· **ç**　　[s] ス　　　　　：le**ç**on 課　　gar**ç**on 少年
· **g**　　[ʒ] ジュ / [g] グ：rou**g**e 赤い　**g**are 駅（g + e, i, y の場合は「ジュ」，それ以外は「グ」）
· **s**　　[s] ス / [z] ズ　：**s**el 塩　　　ro**s**e バラ（母音字に挟まれた場合は「ズ」，それ以外は「ス」）
· **h**　　[-]　　　　　　：**h**iver 冬　　**h**ôtel ホテル（発音しない）
· **ch**　[ʃ] シュ　　　　：**ch**at 猫　　**ch**aise 椅子
· **ph**　[f] フ　　　　　：**ph**armacie 薬局　　**ph**oto 写真
· **th**　[t] トゥ　　　　：**th**é 紅茶　　**th**éâtre 劇場
· **gn**　[ɲ] ニュ　　　　：campa**gn**e 田舎　　monta**gn**e 山

À VOUS

次の単語を読みましょう．
① ceci　　② page　　③ poisson　　④ château　　⑤ philosophie　　⑥ cognac

辞書について

　語学の習得にあたって辞書は必要不可欠なものです．電子辞書もありますが，フランス語学習においては，紙の辞書の方が便利です．（p.20 参照）

　入手しやすいフランス語の辞書（初級～中級向け）には，次のようなものがあります．

・『ロベール・クレ仏和辞典』（駿河台出版社）
・『クラウン仏和辞典』（三省堂）
・『ディコ仏和辞典』（白水社）
・『プチ・ロワイヤル仏和辞典』（旺文社）

　このほか，『ベーシッククラウン仏和・和仏辞典 小型版』（三省堂）『ロワイヤル・ポッシュ仏和・和仏辞典』（旺文社）といった携帯に便利な辞書もありますので，授業でも自宅でも，頻繁に辞書を引く習慣をつけてください．

　Grammaire ではその都度，辞書の引き方についてもレクチャーしていきますので，少しずつ慣れていくようにしてくださいね．

を付与されている

H, h

[見出し語の前の'は，その語が有音のhで始まることを示す．また，発音記号の前の'は，その語が前の語とリエゾン，エリズィヨンしないことを示す]

H, h [aʃ] 名男 (不変) ((le h)) ❶フランス語アルファベットの第8字 ❷l'heure H (何かを始める正確な) 予定時刻；攻撃開始時刻 ❸la bombe H 水素爆弾
注意 フランス語には間投詞などの場合を除けばhの音は存在しない．ただし，有音のhと無音のhがあり，前者の場合，リエゾンやエリズィヨンが行われない：un haricot [ɛariko]，le haricot [lə ariko]，les haricots [leariko] (非人称) で，その語は見出し語のhの前に'をつけ有音であることを示している．無音のhの場合，リエゾンやエリズィヨンを行う：un homme [ɛnɔm]，l'homme [lɔm]，les hommes [lezɔm]

ha [ektar] [hectare (ヘクタール) の略記号]

habile [abil] 形 (名詞の後，時に名詞の前) ❶巧みな，技量の優れた，抜け目がない // C'est un ouvrier habile. 彼は腕の確かな職人だ / Ce prestidigitateur est très habile. この手品師は非常に巧みだ ⇒ adroit / La couturière est habile de ses mains. 縫子は手先が器用だ (↔gauche, maladroit, malhabile) / L'élection a été remportée par un politicien habile. 選挙はやり手の政治家が制した / Elle est très habile à ce jeu. 彼女はこのゲームがとても得意だ ❷よくできた，巧妙な，抜かりない // Il nous a fait une réponse très habile. 彼は我々に大変抜かりない返答をしてきた / Elle a pu s'en sortir grâce à un habile stratagème. 巧妙な策略のおかげで彼女は窮地を脱することができた / Ce ne serait pas habile de continuer. このまま続けるのはうまいやり方ではないと思うんだが

habilement [abilmɑ̃] 副 巧みに，手際よく ⇒ adroitement (↔maladroitement)

habileté [abilte] 名女 器用さ，巧妙さ，熟達 // Il fait des tours de cartes avec une grande habileté. 彼はとても巧妙にカードをさばいて手品をしてみせる ⇒ adresse² / Elle a une grande habileté manuelle. 彼女はとても手先が器用だ ⇒ dextérité / Il a ré-

habillé [abije], **habillée** [-] 形 ❶服を着た (↔nu) ❷正装用の，フォーマルな (↔négligé, sport)

habillement [abijmɑ̃] 名男 ❶服装 ⇒ tenue ❷服を着ること，装い

habiller [abije] 動 1a ❶…に服を着せる // La petite fille habille sa poupée. 小さな女の子は人形に服を着せている / Il habille et chausse son fils tous les matins. 彼は毎朝息子に服を着せ靴を履かせてやる ⇒ vêtir (↔déshabiller) / Ses parents l'ont habillé de neuf. 両親は彼に新品の服を着せた / Sa mère l'a habillé en cow-boy. お母さんは彼にカウボーイの格好をさせた ❷服を仕立てる // Le couturier qui l'habille est célèbre. 彼女の服を手がけているデザイナーは有名だ ❸覆いをする // Un placard habille le compteur électrique. 電力使用量のメーターは戸棚で目隠ししてある

—**s'habiller** 代動 ❶服を着る，着替えをする // Je m'habille et j'arrive. 服を着替えてすぐ行きます (↔se déshabiller, se dévêtir; 改まった表現) se dénuder) ❷…の服装をする // Elle ne sait pas s'habiller. 彼女は服装のセンスが悪い ⇒ (くだけた表現) se fringuer / Habille-toi chaudement, il fait froid ! 暖かい服を着なさい，寒いからね！ / Il s'habille toujours en noir. 彼はいつも黒い服を着ている / Elle s'est habillée en fée. 彼女は妖精の扮装をした (◆過去分詞の一致に注意 ☞ 文法解説 XI 2.) ⇒ se déguiser / Quand nous étions jeunes, nous nous habillions toujours à la dernière mode. 若いころ，私たちはいつも最新流行の服装をしていたものだ ❸正装する，ドレスアップする // Ils se sont habillés pour aller au mariage. 彼らは結婚式に出るため正装した (◆過去分詞の一致に注意) ⇒ s'endimancher;《くだけた表現》se saper

habit [abi] 名男 ❶服装，衣装 ⇒ costume ❷燕尾服，礼服 ❸ (複数形で) (身につけている) 衣服の全体 ⇒《くだけた表現》fringues // Passe la brosse à habits sur ta veste. 上着に洋服ブラシをかけなさい

habitable [abitabl] 形 住むことのできる (↔inhabitable)

女はふだんは朝とても早く来る / Ton café est meilleur que d'habitude. 君の入れたコーヒーは，いつもよりおいしいね / Comme d'habitude, il est en retard ! いつもどおり，あいつは遅刻だ！

habitué [abitɥe] 名男, **habituée** [-] 名女 常連

habituel [abitɥɛl], **habituelle** [-] 形 いつもの，習慣的な (↔exceptionnel) ⇒ classique (↔accidentel, inhabituel, occasionnel, rare) ⇒ normal

habituellement [abitɥɛlmɑ̃] 副 いつもは，ふだんは // Habituellement, il pleut en cette saison. いつもはこの時期に雨が降る ⇒ généralement, normalement, ordinairement (↔exceptionnellement, rarement)

habituer [abitɥe] 動 1a 習慣づける ⇒ habituer à (人や動物を) …するようにしつける / Elle a habitué ses enfants à faire leur lit. 彼女は子どもたちが自分でベッドを整えられるようにした ⇒ déshabituer / Ils habituent leur chat à rester seul. 彼らは留守番できるよう猫をしつけている ⇒ dresser / Personne ne les a habitués à la politesse. 誰も彼らに礼儀を教えてやらなかった

—**s'habituer** 代動 慣れる，(…する) 習慣がつく // Au bout d'un certain temps, mes yeux se sont habitués à l'obscurité. しばらくすると私の目は暗闇に慣れた (◆過去分詞の一致に注意 ☞ 文法解説 XI 2.) ⇒ s'accoutumer / Tu t'y habitueras vite. 君はすぐそれに慣れると思うよ ⇒ se faire / Elle essaie de s'habituer à parler en public. 彼女は人前で話すことに慣れようとしている

'**hâbleur** [ablœr] 名男, '**hâbleuse** [abløz] 名女 (改まった表現) ほら吹き

'**hache** [aʃ] 名女 斧，鉈

'**haché** [aʃe], '**hachée** [-] 形 細かく刻んだ，みじん切りにした // Il mange du steak haché avec de la purée. 彼はピュレを添えたハンバーグステーキを食べている ⇒ hamburger

'**hacher** [aʃe] 動 細かく刻む

'**hachis** [aʃi] 名男 (肉・魚の) ひき肉; (野菜の) みじん切り // le hachis Parmentier. 私はアシ・パルマンティエ[ジャガイモとひき肉のグラタン] が好きだ

'**hachoir** [aʃwar] 名男 肉ひき器

（ロベール・クレ仏和辞典）

LEÇON 1

Chez Madeleine には今日もさまざまな人が訪れます．
今朝は常連客のデュポン氏と隣人のオリヴィエがやってきました．

---

(010) **Dialogue 1**

Monsieur Dupont : **Bonjour. Comment allez-vous ?**

Madeleine : **Je vais bien, merci. Et vous ?**

Monsieur Dupont : **Très bien, merci.**

(011) **Dialogue 2**

Olivier : **Salut, Madeleine. Tu vas bien ?**

Madeleine : **Salut, Olivier. Ça va, et toi ?**

Olivier : **Ça va bien, merci.**

À VOUS

1 Dialogues 1, 2 を，まずテキストを見ながら，次にテキストを見ないで，ペアで練習してみましょう．
ペアで暗唱できるようになったら，クラス中の人と挨拶を交わしてみましょう．

2 Dialogue 2 の登場人物の名前を，自分と相手の名前に置き換えて，挨拶してみましょう．

Grammaire 1　　**主語人称代名詞**

　　Dialogue 1 と Dialogue 2 を見比べてみましょう．１の会話において，マドレーヌは客を Monsieur Dupont（デュポンさん）と呼んでいるのに対し，２の会話では，Olivier（オリヴィエ）とファーストネームで呼んでいます．そして，デュポン氏を vous で呼んでいるのに対し，オリヴィエのことは tu で呼んでいます．このように，フランス人も日本人と同じく，相手との関係性によって，敬語と友達言葉を使い分けているのです．この使い分けの基準は私たち日本人とほぼ同じ．初対面の人，目上の人には敬語（相手を vous と呼ぶ vouvoyer），家族や友人には友達言葉（相手を tu と呼ぶ tutoyer）で話します．また，tu は常に相手一人（「君は」という単数）を指すのに対し，vous は相手一人を指す場合（「あなたは」という単数）と，数人の相手（「君たちは」「あなたたちは」という複数）を指す場合の両方の意味をもっているので注意しましょう．

je (j')	私は	nous	私たちは
tu	君は	vous	あなたは（単数）／君たちは（複数）／あなたたちは（複数）
il	彼は／それは	ils	彼らは／それらは
elle	彼女は／それは	elles	彼女らは／それらは
on		私たちは／人々は	

✈ il (s)，elle (s) は，物を表すこともできます．
✈ on は，nous 「私たちは」の意味で，日常会話でよく使われる主語です．

Grammaire 2　　**強勢形人称代名詞**

　　次に，Et vous ? Et toi ? という表現に注目してみましょう．主語人称代名詞とは異なるこうした形を強勢形人称代名詞といい，強調したい場合や前置詞のあとにはこちらの形を使います．

moi	私	nous	私たち
toi	君	vous	あなた／君たち／あなたたち
lui	彼	eux	彼ら
elle	彼女	elles	彼女ら

❶ 主語を強調する場合に：Moi, je suis Madeleine.　私はマドレーヌです．
❷ 前置詞のあとで：chez moi 私の家　　chez vous あなたの家

◆出会ったときの挨拶

Bonjour. おはよう．こんにちは．

Bonsoir. こんばんは．

Salut.* やぁ．　　Ciao !* やぁ．

◆別れるときの挨拶

Au revoir. さようなら．　　À bientôt. またね．

Salut.* じゃあね．　　Ciao !* じゃあね．

À demain. また明日．

Bonne journée. 良い一日を．　　Bonne soirée. 良い晩を．　　Bonne nuit. おやすみ．

Bon week-end. 良い週末を．

Bonnes vacances. 良い休暇を．

＊出会ったときにも別れるときにも使える挨拶表現

丁寧に接するときには，後ろに敬称をつけます．

Monsieur （男性に）

Madame （女性に）

Mademoiselle** （未婚女性に）

＊＊現在行政文書での使用は廃止されていますが，会話では使われています．

◆その他の表現

Merci. ありがとう．

Merci beaucoup. どうもありがとう．

Non, merci. けっこうです．（断るとき）

Oui. はい．　　Non. いいえ．

Pardon. すみません．（人にぶつかったときなど）

S'il vous plaît. お願いします．〜ください．

Activité

　以下の例のように，Aの人が言ったことをBの人が繰り返すという方式で，Vocabulaire et Expressions にある挨拶表現を練習してみましょう．

A: Au revoir. Bonne journée.

B: Au revoir. Bonne journée.

A: Salut. À demain.

B: Salut. À demain.

Civilisation ① Tours

 Salut ! Ça va ? Je suis Madeleine. これから皆さんに，フランス文化についてのあれこれを
お伝えしていきたいと思います．

まずは，私の住む街 Tours（トゥール）のご紹介から．
Tours は，パリから列車で 1 時間ほどのところに
あるフランス中西部の都市．ロワール地域の古城
巡りの拠点として，多くの人々が訪れる人気の観
光地よ．ガロ・ローマ時代から栄えてきた古い歴
史のあるこの街には，旧市街をはじめ歴史的建造
物が数多く残っているの．歩いて回ることができ
るほどの広さだから，のんびり散歩しながら，中
世の雰囲気を味わえるわ．

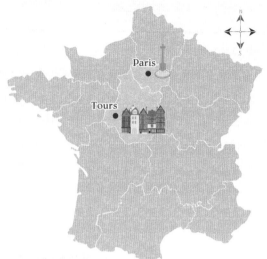

♣ Place Plumereau

Place Plumereau（プリュムロー広場）は，周りにお洒落なカフェやレスト
ランが軒を連ねる憩いの場．Chez Madeleine もこの広場にあるのよ．近
くには大学もあるから若い人や留学生も多いし，古さと新しさが混然一体と
なってとても良い雰囲気なの．特に春先から夏にかけての観光シーズンは，
世界中から集まってくる人たちと会うことができてすごく楽しい季節よ．

LEÇON 2

デュポン氏とオリヴィエ．二人は何を注文するのでしょうか．

(018) **Dialogue 1**

Monsieur Dupont : Un café et une tarte, s'il vous plaît.

Madeleine : Bien, monsieur.

(*plus tard*)

Madeleine : Et voilà.

Monsieur Dupont : Merci.

Madeleine : Bon appétit.

(019) **Dialogue 2**

Olivier : Un jus d'orange, s'il te plaît.

Madeleine : Et avec ça ?

Olivier : Et des madeleines.

Madeleine : OK, deux ou trois ?

Olivier : Trois, s'il te plaît.

À vous

1 Dialogue 1, 2 のそれぞれの登場人物になって，ペアで会話を練習しましょう．
2 Dialogues 1, 2 をペアで暗唱しましょう．

15 Leçon 2

Grammaire 1 名詞

　フランス語の名詞はすべて，男性女性いずれかの性をもっています．人や動物など，生物を表す名詞の性は，生物上の性に一致します．ところが，コーヒー un café は男性，タルト une tarte は女性，というように，無生物の名詞の性は決められていて，その名詞が男性か女性かは覚えるしかありません．また複数形には原則として語尾に s をつけますが，この s は発音されません．

◆辞書の引き方（名詞）：名詞の性を知りたいときには辞書で確かめます．例えば，dictionnaire という単語を引いてみましょう．名男 男 または *n.m* というような表記があって，「辞書，辞典」という意味が書かれています．女性名詞であれば，名女 女 または *n.f* と書かれています．

(020) **Grammaire 2** 不定冠詞

　ここでは，フランス語の 3 つの冠詞のうちの一つ「不定冠詞」を学びます．デュポン氏は，コーヒー un café とタルト une tarte を，オリヴィエはオレンジジュース un jus d'orange とマドレーヌ des madeleines を注文しましたね．それぞれの名詞の前についている un, une, des が「不定冠詞」です．un, une は「あるひとつの〜」，des は「いくつかの〜」を指します．

	単数	複数
男性 masculin (m.)	un	des
女性 féminin (f.)	une	

un garçon / des garçons （1 人の／何人かの）男の子

une fille / des filles （1 人の／何人かの）女の子

un livre / des livres （1 冊の／何冊かの）本

une table / des tables （ひとつの／いくつかの）テーブル

(021) Vocabulaire et Expressions 数詞（0 〜 20）

0　zéro
1　un (une)　　2　deux　　3　trois　　4　quatre　　5　cinq
6　six　　7　sept　　8　huit　　9　neuf　　10　dix
11　onze　　12　douze　　13　treize　　14　quatorze　　15　quinze
16　seize　　17　dix-sept　　18　dix-huit　　19　dix-neuf　　20　vingt

下のリストから飲み物とスイーツを選んでそれぞれ (a)(b) に入れ，注文してみましょう.

A: S'il vous plaît !

B: Oui, monsieur / madame / mademoiselle.

A: (a), s'il vous plaît.

B: Bien, monsieur / madame / mademoiselle. Et avec ça ?

A: Euh … et bien, (b) aussi.

B: Bien, monsieur / madame / mademoiselle.

a 飲み物

un café　コーヒー

un thé　紅茶

un jus d'orange　オレンジジュース

b スイーツ

une tarte aux fraises

une crème brûlée

un éclair

苺のタルト

クレームブリュレ

エクレア

Civilisation ② Les prénoms des Français

私の名前 Madeleine は，祖母の名前をもらったもの．子供の頃はおばあちゃんぽくっていやだったけど，今では祖先に守られている感じがしてうれしいわ．日本では，近い親族の名前を子どもにつけるのは一般的じゃないって聞いたけど本当？欧米とはずいぶん違うのね．フランス人の名前は日本人にとっては馴染みのないものが多いみたいだから，ちょっと紹介しておくわね．

Les prénoms（英語でいうファーストネーム）は，基本的に聖書やギリシャ神話に由来するものが多いわ．フランスには，聖人カレンダーといって，それぞれの日に聖人の名前が書かれたカレンダーがあるのよ．今ではしない人も増えてきたけれど，自分の誕生日のほかに，自分の由来する聖人の名前の日もお祝いするという古き良き風習があるの．

そこから取られた伝統的な名前としては，男性では，Jean（ジャン），Michel（ミシェル），Philippe（フィリップ），Alain（アラン），Patrick（パトリック），Pierre（ピエール），Nicolas（ニコラ），Christophe（クリスト

フ），Christian（クリスチャン），Daniel（ダニエル）など，女性では，Marie（マリー），Nathalie（ナタリー），Isabelle（イザベル），Sylvie（シルヴィー），Catherine（カトリーヌ），Françoise（フランソワーズ），Martine（マルティーヌ），Christine（クリスティーヌ），Monique（モニック），Valérie（ヴァレリー），など．

最近人気なのは，男性では Nathan（ナタン），Lucas（リュカ），Léo（レオ），Enzo（エンゾ），Louis（ルイ），女性だったら Emma（エマ），Lola（ロラ），Chloé（クロエ），Inès（イネス），Léa（レア），Manon（マノン）といった名前ね．

ちなみに，お菓子の madeleine（マドレーヌ）は，所説あるけど，最初に考案した女性の名前が Madeleine だったことに由来していると言われているわ．

♣聖人カレンダー

Janvier	Février	Mars	Avril	Mai	Juin
M 1 Jour de l'An	S 1 Sᵗᵉ Ella	D 1 Sᵗ Aubin	M 1 Sᵗ Hugues ◗	V 1 Sᵗ Joseph / Fête du Travail	L 1 Sᵗ Justin / Lundi de Pentecôte 23
J 2 Sᵗ Basile	D 2 Présentation ◗	L 2 Sᵗ Ch. Le Bon ◗10	J 2 Sᵗᵉ Sandrine	S 2 Sᵗ Boris	M 2 Sᵗᵉ Blandine
V 3 Sᵗᵉ Geneviève ◗	L 3 Sᵗ Blaise 6	M 3 Sᵗ Gwenolé	V 3 Sᵗ Richard	D 3 Sᵗ Philippe / Jacques	M 3 Sᵗ Kévin
S 4 Sᵗ Odilon	M 4 Sᵗᵉ Véronique	M 4 Sᵗ Casimir	S 4 Sᵗ Isidore	L 4 Sᵗ Sylvain 19	J 4 Sᵗᵉ Clotilde
D 5 Sᵗ Edouard	M 5 Sᵗᵉ Agathe	J 5 Sᵗᵉ Olive	D 5 Sᵗᵉ Irène / Rameaux	M 5 Sᵗ Judith	V 5 Sᵗ Igor ○
L 6 Sᵗ Balthazar / Epiphanie 2	J 6 Sᵗ Gaston	V 6 Sᵗᵉ Colette	L 6 Sᵗ Marcellin 15	M 6 Sᵗᵉ Prudence	S 6 Sᵗ Norbert
M 7 Sᵗ Raymond	V 7 Sᵗᵉ Eugénie	S 7 Sᵗᵉ Félicité	M 7 Sᵗ J.B. de La Salle	J 7 Sᵗᵉ Gisèle ○	D 7 Sᵗ Gilbert
M 8 Sᵗ Lucien	S 8 Sᵗᵉ Jaqueline	D 8 Sᵗ Jean De Dieu	M 8 Sᵗᵉ Julie	V 8 Sᵗ Désiré / Victoire 1945	L 8 Sᵗ Médard 24
J 9 Sᵗᵉ Alix	D 9 Sᵗᵉ Apolline ○	L 9 Sᵗᵉ Françoise ○11	J 9 Sᵗ Gautier	S 9 Sᵗ Pacôme	M 9 Sᵗᵉ Diane
V 10 Sᵗ Guillaume ○	L 10 Sᵗ Arnaud 7	M 10 Sᵗ Vivien	V 10 Sᵗ Fulbert / Vend. Saint	D 10 Sᵗᵉ Solange	M 10 Sᵗ Landry
S 11 Sᵗ Paulin	M 11 ND de Lourdes	M 11 Sᵗᵉ Rosine	S 11 Sᵗ Stanislas	L 11 Sᵗᵉ Estelle 20	J 11 Sᵗ Barnabé
D 12 Sᵗᵉ Tatiana	M 12 Sᵗ Félix	J 12 Sᵗᵉ Justine	D 12 Sᵗ Jules / Pâques	M 12 Sᵗ Achille	V 12 Sᵗ Guy
L 13 Sᵗᵉ Yvette 3	J 13 Sᵗᵉ Béatrice	V 13 Sᵗ Rodrigue	L 13 Sᵗᵉ Ida / L. de Paques 16	M 13 Sᵗᵉ Rolande	S 13 Sᵗ Ant. de Padoue ◗
M 14 Sᵗᵉ Nina	V 14 Sᵗ Valentin	S 14 Sᵗᵉ Mathilde	M 14 Sᵗ Maxime	J 14 Sᵗ Matthias ◗	D 14 Sᵗ Elisée
M 15 Sᵗ Rémi	S 15 Sᵗ Claude ◗	D 15 Sᵗᵉ Louise	M 15 Sᵗ Paterne ◗	V 15 Sᵗᵉ Denise	L 15 Sᵗᵉ Germaine 25
J 16 Sᵗ Marcel	D 16 Sᵗᵉ Julienne ◗12	L 16 Sᵗᵉ Bénédicte	J 16 Sᵗ Benoît-Joseph	S 16 Sᵗ Honoré	M 16 Sᵗ J.F. Régis
V 17 Sᵗᵉ Roseline ◗	L 17 Sᵗ Alexis 8	M 17 Sᵗ Patrick	V 17 Sᵗ Anicet	D 17 Sᵗ Pascal	M 17 Sᵗ Hervé
S 18 Sᵗᵉ Prisca	M 18 Sᵗᵉ Bernadette	M 18 Sᵗ Cyrille	S 18 Sᵗ Parfait	L 18 Sᵗ Eric 21	J 18 Sᵗ Léonce
D 19 Sᵗ Marius	M 19 Sᵗ Gabin	J 19 Sᵗ Joseph	D 19 Sᵗᵉ Emma	M 19 Sᵗ Yves	V 19 Sᵗ Romuald
L 20 Sᵗ Sébastien 4	J 20 Sᵗᵉ Aimée	V 20 Sᵗᵉ Alessandra	L 20 Sᵗᵉ Odette 17	M 20 Sᵗ Bernardin	S 20 Sᵗ Silvère
M 21 Sᵗᵉ Agnès	V 21 Sᵗ Pierre-Damien	S 21 Sᵗᵉ Clémence	M 21 Sᵗ Anselme	J 21 Sᵗ Constantin / Ascension	D 21 Sᵗ Rodolphe ●
M 22 Sᵗ Vincent	S 22 Sᵗᵉ Isabelle	D 22 Sᵗᵉ Léa	M 22 Sᵗ Alexandre	V 22 Sᵗ Emile ●	L 22 Sᵗ Alban 26
J 23 Sᵗ Barnard	D 23 Sᵗ Lazare ●	L 23 Sᵗ Victorien 13	J 23 Sᵗ Georges	S 23 Sᵗ Didier	M 23 Sᵗᵉ Audrey
V 24 Sᵗ Fr. de Sales ●	L 24 Sᵗ Modeste 9	M 24 Sᵗᵉ Cath. de Suède ◆	V 24 Sᵗ Fidèle	D 24 Sᵗ Donatien	M 24 Sᵗ J.Batiste
S 25 Conv. de Sᵗ Paul	M 25 Sᵗ Roméo / Mardi-gras	M 25 Sᵗ Humbert	S 25 Sᵗ Marc	L 25 Sᵗᵉ Sophie 22	J 25 Sᵗ Prosper
D 26 Sᵗᵉ Paule	M 26 Sᵗ Nestor / Carême / Cendres	J 26 Sᵗᵉ Larissa	D 26 Sᵗᵉ Alida	M 26 Sᵗ Bérenger	V 26 Sᵗ Anthelme
L 27 Sᵗᵉ Angèle 5	J 27 Sᵗᵉ Honorine	V 27 Sᵗ Habib	L 27 Sᵗᵉ Zita 18	M 27 Sᵗ Augustin	S 27 Sᵗ Fernand
M 28 Sᵗ Thomas d'Aquin	V 28 Sᵗ Gontran	S 28 Sᵗ Gontran	M 28 Sᵗᵉ Valérie / Jour du Souvenir	J 28 Sᵗ Germain	D 28 Sᵗᵉ Irénée ◗
M 29 Sᵗ Gildas	S 29 Sᵗ August	D 29 Sᵗᵉ Gwladys	M 29 Sᵗᵉ Cath. de Sien	V 29 Sᵗ Aymard	L 29 Sᵗ Pierre / Paul 27
J 30 Sᵗᵉ Martine		L 30 Sᵗ Amédée 14	J 30 Sᵗ Robert ◗	S 30 Sᵗ Ferdinand ◗	M 30 Sᵗ Martial
V 31 Sᵗᵉ Marcelle		M 31 Sᵗ Benjamin		D 31 Sᵗᵉ Pernelle / Pentecôte	

Zone A : Besançon, Bordeaux, Clermont-Ferrand, Dijon, Grenoble, Limoges, Lyon, Poitiers

Zone B : Aix-Marseille, Amiens, Caen, Lille, Nancy-Metz, Nantes, Nice, Orléans-Tours, Reims, Rennes, Rouen, Strasbourg

Zone C : Créteil, Montpellier, Paris, Toulouse, Versailles

ほかにお客さんもいない昼下がり。
オリヴィエはマドレーヌに友人の写真を見せています。

(023) **Dialogue**

Olivier : Voilà un ami à moi. Il est étudiant à Sciences-Po.*

Madeleine : Oh là là. Il est comment ?

Olivier : Bah…tu sais, il est intelligent.

Madeleine : Oui, bien sûr.

Olivier : Et il est grand, beau et gentil.

Madeleine : Mon Dieu ! Il est parfait !

* cf. p.22 Civilisation

À vous

■ Dialogue をペアで暗唱しましょう。

(024) **Grammaire 1** **動詞 être**

「〜である」という意味の動詞．英語の be 動詞に相当します．フランス語の動詞はすべて主語に合わせて活用しますので，以下の活用表をその都度覚えていく必要があります．

être (〜である)

je	suis	nous	sommes
tu	es	vous	êtes
il	est	ils	sont
elle	est	elles	sont

✈ 発音される語末の子音と次の母音をつなげて発音することをアンシェヌマンと言います．il est →「イ・レ」elle est →「エ・レ」

✈ 発音されない語末の子音字と次の母音をつなげて発音することをリエゾンと言います．vous êtes →「ヴ・ゼット」

Je **suis** étudiant(e). 私は学生です．

Il **est** français. 彼はフランス人です． Elle **est** française. 彼女はフランス人です．

◆辞書の引き方 （動詞）：動詞は不定詞（動詞の原形）のかたちで辞書に載っていますから，ある動詞の意味を知るためにはその不定詞を知らなければいけません．そのためにもそれぞれの動詞の活用形をしっかり覚えていく必要があります．

例えば，être を辞書で引いてみましょう．見出しに数字が記されています．この数字は，どの仏和辞典にも必ず巻末についている活用表の番号です．その番号のところを見れば，その動詞の活用表が出ています．フランス語の学習では，この作業がついてまわるため，紙の辞書の方が使いやすいのです．

Grammaire 2 **形容詞の性数一致**

Dialogue では，彼は頭がよく intelligent, 背が高く grand, 格好良く beau, しかも優しい gentil と言っていますね．これらはどれも彼の性質・状態を示す形容詞です．この場合, Il est intelligent. Il est grand. という形ですが，これが女性の場合には，Elle est intelligente. Elle est grande. と女性形になるのです．人を表す名詞の場合も同じです．Il est étudiant. は Elle est étudiante. と形を変えます．このように，形容詞や国籍や職業を表す名詞を女性形にする場合，原則としては男性形の語尾に e をつけます．また複数形は語尾に s をつけます．Ils sont étudiants. Elles sont étudiantes.

(025) **Grammaire 3** **形容詞の女性形と複数形の作り方**

原則

	単数	複数
男性 (m.)	-	-s
女性 (f.)	-e	-es

例）grand 大きい

	単数	複数
男性	grand	grands
女性	grande	grandes

- 男性形の語尾が e → 女性形も同じ rouge → rouge 赤い
- 男性形の語尾が f → 女性形 ve sportif → sportive スポーティな
- 男性形の語尾が x → 女性形 se sérieux → sérieuse 真面目な
- 男性形の語尾が n → 女性形 nne bon → bonne 良い，おいしい
- 男性形の語尾が s, x → 複数形も同じ français → français フランスの

特殊なケース
- beau → belle（女性）→ beaux / belles（複数）美しい
- nouveau（男性）→ nouvelle（女性）→ nouveaux / nouvelles（複数）新しい

◆ 辞書の引き方 （形容詞）：辞書には男性単数形と女性単数形が記されています．原則通りの場合，〔grand, e〕，それ以外の場合は，〔sérieux, se〕や〔beau, belle〕のように示されています．

Activité

下線部に好きな形容詞を書き入れ，隣の人と会話してみましょう．

Napoléon

Marie-Antoinette

あなたの好きな有名人

A: Il (Elle) est comment ?

B: Il (Elle) est ＿＿＿＿＿＿＿＿＿＿ et ＿＿＿＿＿＿＿＿＿＿．

> beau / belle 格好いい・美しい　chic おしゃれな　chouette 素敵な
> courageux / courageuse 勇敢な　drôle おもしろい
> élégant / élégante エレガントな　fort / forte 強い　joli / jolie 綺麗な
> mignon / mignonne かわいい　poli / polie 礼儀正しい　sympa 感じがいい

Civilisation 3   L'université et les grandes écoles

オリヴィエの友達に Sciences-Po (シアンスポ) の学生がいたなんて，驚いたわ．正式名称は，Institut d'Études Politiques de Paris (パリ政治学院)．グランド・ゼコールの中でも屈指のエリート養成校よ．フランスには，高等教育機関として，université (大学) のほかに grandes écoles (グランド・ゼコール＝高等専門学校) っていうのがあるの．政治家や官僚，軍人，技術者のトップを養成するための機関よ．

大学に入るためには，baccalauréat (バカロレア＝大学入学資格) を取れば，基本的にどの大学にも入れるということになっているんだけど (といっても今は人気やレベルの差が大きくなってきてるから，一概には言えないけどね)，グランド・ゼコールに入るためには，バカロレアを取った後2年間の準備コースを経て，選抜試験に合格しないといけないの．こうして晴れてグランド・ゼコールに入学できた人は，将来が約束されたも同然．エリート街道まっしぐらってわけ．

ちなみに私は L'université de Tours (トゥール大学) で，経営を学んだわ．そこで学んだことを生かして，Chez Madeleine をますます素敵なカフェにしていきたいと思っているの．

♣ L'université de Tours (トゥール大学) のグランモンキャンパス．(7つあるキャンパスのうちの一つ)

♣ パリ7区にある Institut d'Études Politiques de Paris (パリ政治学院) の入り口

♣ バカロレアの認定証書

今度はマドレーヌがオリヴィエに写真を見せています。
1枚目は男性の写真．2枚目は何かのポスターのようです。

LEÇON 4

(027) **Dialogue**

Olivier : C'est qui ?

Madeleine : C'est un acteur japonais, Toshiro Mifune.

Olivier : Oh, il est beau ! Et cette affiche, c'est quoi ?

Madeleine : C'est l'affiche d'un film célèbre de Kurosawa.

Olivier : Ah oui, c'est vrai. « *Les Sept Samouraïs* », n'est-ce pas ?

Madeleine : Oui, c'est un vieux film en noir et blanc, mais c'est un
très beau film !

À vous

■ Dialogue をペアで暗唱しましょう。

028 Grammaire 1 ： 形容詞の位置

Leçon 3 では，「○○（主語）は××（形容詞）である」という形容詞の使い方を学びました．今回は，「××（形容詞）な○○（名詞）」という用法について学んでいきましょう．

Dialogue のセリフを見てみましょう．マドレーヌは，C'est un film célèbre. と言っています．このように形容詞が名詞にかかる場合，原則として形容詞は名詞の後ろに置かれます．けれども，C'est un beau film. のように，よく使う短い形容詞は名詞の前に置かれます．どちらも形容する名詞の性数に合わせて形容詞のかたちが変わります．

一般的な形容詞　　　：名詞＋形容詞　un film célèbre　有名な映画 / une fleur bleue　青い花

よく使う短い形容詞：形容詞＋名詞　un beau film　すばらしい映画 / une jolie fleur　きれいな花

よく使う短い形容詞には以下のようなものがあります．良し悪し，大小，老若，美醜など，主観的な価値判断を示すものがほとんどです．

bon / bonne（良い），mauvais(e)（悪い），grand(e)（大きい），petit(e)（小さい），
joli(e)（きれいな），beau / belle（美しい），jeune（若い），vieux / vieille（古い，年取った）

Grammaire 2 ： C'est ＋名詞

C'est は「Ce + est」がエリジオン＊した形．主語は ce という指示代名詞で，人や物などを「これ」「それ」「あれ」と指し示す代名詞です．C'est ~「これは~だ」という表現で覚えてしまいましょう．

✈ エリジオンとは，ce, je, le, la, ne, que などのあとに母音ではじまる語がくると，e, a を省略し，その代わりに '（アポストロフ）をつける規則のことです．

C'est un stylo.　それはペンです．　　C'est une robe.　それはドレスです．

複数名詞を指し示す場合，Ce sont ~ になります．（ce は仮の主語なので，動詞 être は実質的な主語となる複数名詞に合わせて sont となります．）

Ce sont des stylos.　Ce sont des robes.

✈ 口語では c'est + 複数名詞を使うことも多くなっています．

029 Vocabulaire et Expressions 1 ： C'est ＋形容詞（常に男性単数形）

C'est ＋形容詞（常に男性単数形）の表現では，性数一致をしなくてよいので簡単に感想を言うことができます．

C'est parfait !	すばらしい！完璧！	C'est bon !	おいしい！
C'est beau !	美しい！	C'est joli !	素敵！
C'est mignon !	かわいい！	C'est gentil !	優しい！
C'est génial !	すごい！	C'est cher !	高い！

Vocabulaire et Expressions 2 C'est ＋疑問詞

シンプルで便利な疑問の表現です.

C'est qui ? これ誰? C'est quoi ? これは何?

C'est où ? そこはどこ? C'est quand ? それはいつ?

C'est comment ? それはどんなもの（感じ）？

(030) Vocabulaire et Expressions 3 色の表現

赤 rouge オレンジ色 orange 黄色 jaune 緑 vert

青 bleu 紫色 violet 黒 noir 白 blanc

＊名詞としての「色」はすべて男性形です. le rouge のように定冠詞（男性単数）をつけて言います.（cf. p.33）

赤い rouge オレンジ色の orange 黄色の jaune 緑の vert(e)

青い bleu(e) 紫色の violet(te) 黒い noir(e) 白い blanc / blanche

＊形容詞としての「色」は関連する名詞の性数に合わせます.

Activité

p.21 Activité や p.24 Vocabulaire et Expressions 1 の表現を参考にして会話してみましょう.

1. Bの人は，自分の好きな俳優の国籍と名前を入れて言ってみましょう. Aの人はそれに対する感想を言いましょう.

   A: C'est qui ?

   B: C'est un acteur / une actrice _____ , _____ .
   （国籍） （名前）

   A: Oh, il (elle) est _____ !
   （形容詞）

   国籍 américain(e), français(e), japonais(e), coréen(ne)

2. Bの人は，下の写真から好きなものを選んで言ってみましょう. Aの人はそれに対する感想を言いましょう.

   A: C'est quoi ?

   B: C'est _____ .

   A: Oh, c'est _____ !

une montre ancienne

une belle voiture

un petit hérisson

あなたは何色が好き？ 私はやっぱり bleu blanc rouge の tricolore (トリコロール) が好き.

BLEU

C'est un iris,
il est bleu.

BLANC

C'est une rose,
elle est blanche.

ROUGE

C'est une rose,
elle est rouge.

JAUNE

C'est une rose,
elle est jaune.

LES COULEURS

C'est le drapeau français,
il est tricolore.

ROSE

C'est une rose,
elle est rose.

VERT

C'est un beau paysage,
les rizières sont vertes.

NOIR

C'est un chat,
il est noir.

ORANGE

C'est un lis,
il est orange.

LEÇON 5

デュポン氏とマドレーヌの会話を聞いてみましょう。
フランス語で「兄弟はいますか？」と聞きたいときには，
どのように言えばよいのでしょうか。

(032) **Dialogue**

Monsieur Dupont : Est-ce que vous avez des frères et sœurs ?

Madeleine : Non, je n'ai pas de frère, et je n'ai pas de sœur non plus. Et vous ?

Monsieur Dupont : Moi, j'ai trois frères et deux sœurs.

Madeleine : C'est vrai ? Vous avez de la chance !

Monsieur Dupont : Vous croyez* ?

Madeleine : Oui, c'est une grande famille, chez vous.

Monsieur Dupont : Oui, mais c'est parfois fatigant !

* cf. p.72 動詞 croire

À VOUS

■ Dialogue をペアで暗唱しましょう。

(033) Grammaire 1　　動詞 avoir

「〜を持っている」という意味の動詞. 英語の have に相当します. その他, さまざまな熟語としても用いられる重要動詞です.

avoir (〜をもっている)

j'	**ai**	nous	**avons**
tu	**as**	vous	**avez**
il	**a**	ils	**ont**
elle	**a**	elles	**ont**

✈ 母音ではじまる動詞の場合には, je が j' となるエリジオンや, アンシェヌマン, リエゾンによる発音の変化に注意しましょう.

J'**ai** un grand frère.　私には兄が一人いる.
J'**ai** une petite sœur.　私には妹が一人いる.
Il **a** une belle voiture.　彼は素晴らしい車を所有している.
Elle **a** un petit hérisson.　彼女は小さいハリネズミを飼っている.

(034) Grammaire 2　　疑問形 (はい Oui ／いいえ Non で答える疑問文)

フランス語の疑問形には 3 つのかたちがあります.

❶ 平叙文の語順のまま文末のイントネーションをあげる.　Vous avez un stylo ?
❷ 平叙文の文頭に **Est-ce que (qu')** をつける.　Est-ce que vous avez un stylo ?
❸ 主語と動詞を倒置する.　Avez-vous un stylo ?

être	avoir
suis-je	ai-je
es-tu	as-tu
est-il	a-t-il
est-elle	a-t-elle
sommes-nous	avons-nous
êtes-vous	avez-vous
sont-ils	ont-ils
sont-elles	ont-elles

✈ avoir と次の課に出てくる -er 動詞の三人称単数は語尾が母音なので, a-t-il, と -t- を挿入してリエゾンします.

否定形

フランス語の否定形は簡単です．動詞を **ne (n')** と **pas** ではさむだけ．

   Je suis français.　私はフランス人だ．　→ Je **ne** suis **pas** français.　私はフランス人ではない．

   ただし，否定形にする場合，直接補語（直接目的語）**(cf.p.44)** についている不定冠詞 un, une, des はいずれも de というかたちに変えるという決まりがあります．

   J'ai un stylo.　私はペンを持っている．　→ Je n'ai pas **de** stylo.　私はペンを持っていない．

(035) **Vocabulaire et Expressions**　avoir を使った表現（1）

   Dialogue に出てきた Vous avez de la chance.〈avoir de la chance〉のように，冠詞（ここでは部分冠詞 (cf. p.52)）をつけた表現のほかにも，avoir には無冠詞で名詞をつけた慣用表現がたくさんあります．

   J'ai faim.　　　お腹が空いた.　　〈avoir faim〉
   J'ai soif.　　　喉が渇いた.　　　〈avoir soif〉
   J'ai sommeil.　眠い.　　　　　　〈avoir sommeil〉
   J'ai chaud.　　暑い.　　　　　　〈avoir chaud〉
   J'ai froid.　　　寒い.　　　　　　〈avoir froid〉
   J'ai peur.　　　怖い.　　　　　　〈avoir peur〉

Activité

1. 質問に否定で答える練習をしてみましょう．否定した後，「私は〜です．」と自分のことを答えてみましょう．

   A : Tu es français(e) ?
   B : Non, ＿＿＿＿＿＿＿＿＿＿＿＿＿＿＿＿. Je ＿＿＿＿＿＿＿＿＿＿＿＿＿＿＿＿.

   A : Tu es médecin ?
   B : Non, ＿＿＿＿＿＿＿＿＿＿＿＿＿＿＿＿. Je ＿＿＿＿＿＿＿＿＿＿＿＿＿＿＿＿.

2. 1〜3のリストの中から一つずつ選んで（　　）に入れ，質問し合いましょう．Oui と Non それぞれの場合で答えましょう．

   A : Tu as (　　　　　　　　　　) ?
   B : Oui, ＿＿＿＿＿＿＿＿＿＿＿＿＿＿＿. / Non, ＿＿＿＿＿＿＿＿＿＿＿＿＿＿＿.

   > 1. un stylo（ペン）/ une gomme（消しゴム）/ un dictionnaire（辞書）
   > 2. un chien（犬）/ un chat（猫）/ un oiseau（鳥）　＊一般的に動物は男性形で言います．
   > 3. un vélo（自転車）/ une moto（バイク）/ une voiture（自動車）

Civilisation La cuisine française

 常連客のデュポンさんは，うちのすぐ近くに店を構えるレストランのシェフなの．デュポンさんの作るマグレ・ド・カナールは絶品よ！フランスは言わずと知れた美食の国．フランス人に人気のお料理をご紹介するわね．

マグレ・ド・カナール
Magret de canard
♣鴨の胸肉のロースト

ムール・フリット
Moules-frites
♣ムール貝とフライドポテト（ベルギーの名物料理）

クスクス
Couscous
♣クスクス（北アフリカの家庭料理）

ブランケット・ド・ヴォー
Blanquette de veau
♣仔牛のクリーム煮

コート・ド・ブフ
Côte de bœuf
♣牛肉の骨付き背肉のロースト

ジゴ・ダニョー
Gigot d'agneau
♣仔羊の腿肉のロースト

ステーク・フリット
Steak frites
♣ステーキとフライドポテト

ブフ・ブルギニヨン
Bœuf bourguignon
♣牛肉の赤ワイン煮込み

ラクレット
Raclette
♣ラクレット（スイスの名物料理）

トマト・ファルシ
Tomates farcies
♣トマトの肉，野菜詰め

パヴェ・ド・ソモン・グリエ
Pavé de saumon grillé
♣厚切り鮭のグリル

マドレーヌとオリヴィエは趣味の話をしているようです。
二人の好きなことは何でしょうか.

(037) Dialogue

Olivier : Tu étudies toujours le japonais ?

Madeleine : Oui, j'adore le Japon.

Olivier : Mais ce n'est pas difficile, le japonais ?

Madeleine : Oh si, c'est vraiment difficile. Je finis les *hiragana*
bientôt.

À VOUS

Dialogue をペアで暗唱しましょう.

(038) Grammaire 1　**第一群規則動詞（-er 動詞）**

　フランス語の不定詞（動詞の原形）の語尾は〈-er〉〈-ir〉〈-re〉〈-oir〉の 4 種類です．このうち，語尾が同じ変化をする動詞グループを規則動詞と呼んでいます．これまで出てきた être と avoir は，どちらも独自の活用をする不規則動詞でした．ここでは，規則動詞について学びます．規則動詞のグループには，「第一群規則動詞（-er 動詞）」と「第二群規則動詞（-ir 動詞）」があります．

　まずは，「第一群規則動詞（-er 動詞）」から見ていきましょう．フランス語の動詞の約 90％がこの動詞グループに含まれます．つまり，ほとんどの動詞が以下の語尾活用をする動詞だということです．

-er 動詞　aimer（～が好きだ）

j'aime	nous aimons
tu aimes	vous aimez
il aime	ils aiment

✈ 活用語尾としての -e, -es, -ent は発音しません．これは -er 動詞だけではなく，どの動詞語尾もそうです．

✈ 母音ではじまる動詞の場合には，je が j' となるエリジオンや，アンシェヌマン，リエゾンによる発音の変化に注意しましょう．

　このほか，donner（与える），écouter（聞く），habiter（住む），marcher（歩く），parler（話す），travailler（働く），voyager（旅行する）など．

　　Je **parle** français.　私はフランス語を話します．

　　Il **travaille** beaucoup.　彼はよく働く（勉強する）．

　　J'**habite** à Nice.　私はニースに住んでいます．

(039) Grammaire 2　**第二群規則動詞（-ir 動詞）**

　次に「第二群規則動詞（-ir 動詞）」を見ていきましょう．第一群と比べると全体の約 7.5％ と多くはありませんが，同一の語尾活用をする規則動詞として活用形を覚えましょう．

-ir 動詞　finir（終える，終わる）

je finis	nous finissons
tu finis	vous finissez
il finit	ils finissent

　このほか，choisir（選ぶ），grandir（大きくなる），obéir（従う），réfléchir（熟考する），réussir（成功する）など．

　　Les enfants **grandissent** vite.　子どもはすぐに大きくなる．

 **Grammaire 3** 定冠詞

Leçon 1 で学んだ不定冠詞は英語の a, some に相当する冠詞でしたが，今回学ぶ定冠詞は英語の the に相当するものです．主に ❶ 特定化されているもの（その〜）と ❷ 総称的意味をもつもの（〜というもの）につけられます．

❶ C'est **le** frère d'Olivier. それはオリヴィエの兄です．〔特定〕

❷ J'aime **la** cuisine japonaise. 私は日本食が好きです．〔総称・ジャンル〕

	単数	複数
男性 masculin (m.)	**le (l')**	**les**
女性 féminin (f.)	**la (l')**	

le garçon / **les** garçons　（その／それらの）　男の子
la fille / **les** filles　（その／それらの）　女の子
l' arbre / **les** arbres　（その／それらの）　木
le sport　スポーツ　　　　　**la** musique　音楽
les gens　人々　　　　　　　**le** soleil　太陽
la lune　月　　　　　　　　**la** France　フランス
les Français　フランス人　　**le** français　フランス語

✈ うしろに母音がくると，エリジオンされて男性形，女性形どちらも l' のかたちになります．

Vocabulaire et Expressions　否定疑問に肯定で答えるときの Si

「はい」は Oui.「いいえ」は Non. ですが，否定形で聞かれたときは，どうなるでしょう．否定疑問に肯定で答えるときには，Si と言います．否定の場合はどんなときも Non です．

例)　Tu n'es pas japonaise ? – Si, je suis japonaise.　君は日本人じゃないの？ーいいえ，日本人よ．
　　　Vous n'avez pas de chien ? – Mais si, j'ai trois chiens.
　　　あなたは犬を飼っていないのですか？ーいいえ，（それどころか）3匹も飼っていますよ．

　　＊ mais という接続詞は，「でも」but という意味でも用いられますが，強調する場合にもよく用いられます．
　　　Mais si というと，「まさか」「とんでもない」といったニュアンスが出ます．

Activité

aimer「〜が好きだ」：以下のリスト 1. 2. の中から自分の好きなもの，あまり好きではないものを選び，隣の人と会話してみましょう．B の人は moi aussi（私も），moi non plus（私も〜ではない）という表現を使って，相手に同意してみましょう．

＊ 数えられる名詞には複数定冠詞，数えられない名詞には単数定冠詞をつけます．

A : J'aime bien _____. Et toi ?

B : Moi aussi, j'aime bien _____.

B : Moi, je n'aime pas beaucoup _____. Et toi ?

A : Moi non plus, je n'aime pas beaucoup _____.

---

1. la cuisine（料理）　le shopping（ショッピング）　le sport（スポーツ）　la musique（音楽）
　le cinéma（映画）　la lecture（読書）　la nature（大自然）　l'Italie（イタリア）

2. les plats chinois（中華料理）　les bijoux（ジュエリー）　les arts martiaux（格闘技）
　les films français（フランス映画）les romans d'aventures（冒険小説）les voyages（旅行）
　les animaux（動物）　les chiens（犬）　les chats（猫）

Civilisation Le Japon en France

　フランスでは，日本食から伝統文化，漫画やアニメに至るまで，日本のものは概ね好意的に受け入れられているわ．2018年には，日仏国交樹立160周年を記念して「ジャポニスム2018：響きあう魂」が開催されたの．約8か月間，パリを中心に，フランス各地で300以上の企画展が催されたのよ．その来場者数はパリの人口（約220万人）より多い300万人に達したんですって！私も何度もパリを訪れては，美術展や映画などを楽しんだわ．この祭典の成功で，ますます日本人気が高まっていくでしょうね．

♣お寿司，ラーメン，うどん，そば…
　ヘルシーなイメージのある日本食は大人気．

♣抹茶を使ったお菓子も人気．

♣日本文化会館　フランスにおける日本文化紹介の拠点．展示や講演だけでなく，茶道・書道・生け花・折り紙・マンガなどの体験型学習も実施している．

♣日本文化会館のある広場．

LEÇON 7

マドレーヌの友人ニコラとレアがやってきました.
二人は午後からどこかへ出かけるようです.

042 Dialogue

Nicolas : Moi, je vais prendre un café au lait, s'il te plaît.

Madeleine : Bien. Tu sors avec Léa cet après-midi ?

Nicolas : Oui, Léa et moi, on va au cinéma voir le nouveau film de Miyazaki.

Madeleine : C'est bien. On parle beaucoup de ce film en ce moment.

À vous

■ Dialogue をペアで暗唱しましょう.

Grammaire 1 指示形容詞

　名詞の前につけて「この〜」「あの〜」「その〜」と人や物を指し示す形容詞です．冠詞と同様，それが付く名詞の性と数に応じて形が変わります．

| 男性単数形 **ce** | 女性単数形 **cette** | 男・女複数形 **ces** |

✈ 母音または無音の h で始まる男性単数名詞の前では，ce は cet になります．cet arbre　この（あの）（その）木

(043) **Grammaire 2** 動詞 aller

aller（行く）

je	**vais**	nous	**allons**
tu	**vas**	vous	**allez**
il	**va**	ils	**vont**

❶「行く」　Je **vais** à Paris. 私はパリに行く．　　Je **vais** à la fac. 私は大学に行く．
❷ aller ＋不定詞：以下の二つの意味があるので，文脈で判断します．
　　①「〜しに行く」　Je **vais acheter** des gâteaux. 私はお菓子を買いに行きます．
　　②「これから〜する」（近接未来）Je **vais aller** à la gare. 私はこれから駅に行きます．

Grammaire 3 前置詞 à の用法と縮約

前置詞 à は，次に定冠詞 le, les のついた名詞がくると縮約されて，**au, aux** というかたちになります．
　Je vais ~~à le~~ café.　　　　　　　→　**au** café.　　　　　　　カフェに行く．
　　　　~~à les~~ Champs-Élysées.　→　**aux** Champs-Élysées.　シャンゼリゼ大通りに行く．

同じ定冠詞でも，la, l' の場合は縮約しません．
　Je vais à la fac.　　　　大学に行く．（より日常的）
　　　　à l'université.　　大学に行く．

à は非常に多くの意味をもつ前置詞です．例えば，un café au lait で縮約されている au に含まれた à は「〜入りの」という意味で使われています．つまり，「ミルク入りのコーヒー」＝「カフェオレ」なのです．

Grammaire 4　　**動詞 prendre / sortir / voir**

(044)　　**動詞 prendre**（取る，食事や飲み物を摂る，乗る）　　✈ 同型 apprendre, comprendre

je	prends	nous	prenons
tu	prends	vous	prenez
il	prend	ils	prennent

Je vais **prendre** un parapluie.　傘をもっていくね.
Je **prends** l'avion pour aller à Tokyo.　飛行機に乗って東京に行く.

(045)　　**動詞 sortir**（出かける，外出する）　　✈ 同型 partir

je	sors	nous	sortons
tu	sors	vous	sortez
il	sort	ils	sortent

Il aime **sortir**.　彼は出かけるのが好きだ.　　On **sort** ce soir ?　今晩出かけない?

(046)　　**動詞 voir**（見える，見る，会う）　　✈ 同型 revoir

je	vois	nous	voyons
tu	vois	vous	voyez
il	voit	ils	voient

On **voit** la mer.　海が見える.　　Je vais **voir** Anne aujourd'hui.　今日アンヌに会う.

(047) **Vocabulaire et Expressions**　時の表現（今日の〜）

aujourd'hui 今日　　ce matin 今朝　　cet après-midi 今日の午後　　ce soir 今晩　　cette nuit 今夜

Activité

表現を色々変えて隣の人と会話してみましょう.

A: Tu vas sortir [aujourd'hui / ce matin / cet après-midi / ce soir / cette nuit] ?
B: Oui, je vais aller [au cinéma / au parc / à la piscine / au stade]. Et toi ?
A: Moi, je vais voir [un ami / une amie / des amis].
B: Alors, [bonne journée / bon après-midi / bonne soirée !]
A: [Bonne journée / Bon après-midi / Bonne soirée] à toi aussi.

Civilisation 7　Le cinéma

　映画発祥の地として知られるフランス．フランス映画というと，おしゃれで洗練されているという印象とともに，哲学的で難解という印象も強く持たれているみたい．でも実際は，コメディ映画が意外と人気なのよ．フランス映画にしぼった歴代フランス国内映画興行収入ランキング（2019年）は以下の通り．
https://fr.wikipedia.org/wiki/Liste_des_plus_gros_succès_du_box-office_en_France

Bienvenue chez les Ch'tis　シュティの地へようこそ (2008)

1位
片田舎に左遷された郵便局員と地元の人々との交流を描いたコメディ映画．フランスでは，外国映画を含めた歴代の興行収入でも2位にランクインしているくらい大ヒットしたんだけど，日本では公開されていないんですって！

Intouchables　最強のふたり (2011)

2位
こちらは日本でも公開されて話題になったわね．体が不自由な大富豪フィリップと，その介護人となった貧困層の移民の若者ドリスとの友情を描いたドラマ．実話をもとにコメディタッチで描いているけれど，現代フランスが抱える社会問題を見事に切り取っていて，何度観ても感動するわ．

La Grande Vadrouille　大進撃 (1966)

3位
1997年にアメリカ映画「タイタニック」（現在まで全体の興行収入1位独走中）に抜かれるまで，首位を守っていた伝説的なコメディ映画．舞台は第二次世界大戦中，ドイツ占領下のパリ．街中に不時着したイギリス人を，二人のフランス人が自分も危機的状況になりながら助けて逃がしてあげるというドタバタコメディ．

Astérix et Obélix : Mission Cléopâtre　ミッション・クレオパトラ (2011)

4位
フランス，ベルギーの漫画のことを bande dessinée（バンド・デシネ）っていうんだけど，その中でも古典的な作品に『アステリックス』があるわ．この『アステリックス』の実写映画化第2作目．クリスチャン・クラヴィエ，ジェラール・ドパルデュー，アラン・シャバ（監督）といった大御所たちのとぼけた演技がおかしいの．

Les Visiteurs　おかしなおかしな訪問者 (1992)

5位
中世の騎士（ジャン・レノ）が従者（クリスチャン・クラヴィエ）をつれて，現代にタイムスリップするというドタバタコメディ．ジャン・レノは，「レオン」の殺し屋役もいいけれど，この映画の騎士役も味わい深くておすすめよ．

ハリウッドとはひと味違うフランス流のユーモアが味わえるコメディ映画．セリフの言い回しにおもしろさがあるから，是非字幕で見てみてね．

オリヴィエの話にマドレーヌは大興奮.
何を話しているのでしょうか.

(049) *Dialogue*

Olivier : Tiens, je viens de rencontrer un Japonais.

Madeleine : C'est pas vrai ! Où ça ?

Olivier : À la Poivrière.

Madeleine : C'est vrai ? Qu'est-ce qu'il fait là ?

Olivier : Il vient travailler à la Poivrière.

Madeleine : Mon Dieu ! Je vais vite à la Poivrière !

À VOUS

■ Dialogue をペアで暗唱しましょう.

(050) Grammaire 1 　動詞 venir

> **venir**（来る）
>
> | | | | |
> |---|---|---|---|
> | je | **viens** | nous | **venons** |
> | tu | **viens** | vous | **venez** |
> | il | **vient** | ils | **viennent** |

❶「来る」　　　　　　　Il **vient** de la gare. 彼は駅から来る.　Il **vient** de l'école. 彼は学校から来る.

❷ venir ＋不定詞

　「〜しに来る（来た）」 Il **vient faire** son apprentissage à la Poivrière.

　　　　　　　　　　　　彼はポワブリエールに見習いをしに来た.

　　　　　　　　　　　　Je **viens** vous voir. あなたに会いに来ました.

　　　　　　　　　　　　　　　　　　　　＊cf. p.44「Grammaire 1　補語人称代名詞」

❸ venir ＋ de ＋不定詞　✈ venir のうしろに de が入るので注意！

　「〜したところだ」（近接過去）Je **viens de rencontrer** un Japonais.　日本人に会ったところだ.

　　　　　　　　　　　　Je **viens de manger**. 今食べたところだ.

Grammaire 2 　前置詞 de の用法と縮約

前置詞 de は，次に定冠詞 le, les がくると縮約して，**du, des** というかたちになります.

　　Il vient ~~de le~~ café.　　　→　**du** café.　　　　彼はカフェから来る.

　　　　　　~~de les~~ États-Unis. →　**des** États-Unis.　　彼はアメリカから来た（アメリカ人だ）.

同じ定冠詞でも，la, l' の場合は縮約しません.

　　Il vient de la fac.　　　　彼は大学から来る.

　　　　　　de l'université.　　彼は大学から来る.

à と同じく，de も多くの意味をもつ前置詞です. 以上のように from の意味で用いることもあれば，of
の意味で使われることもあります.　　la lumière du soleil　日の光

(051) Grammaire 3 　疑問代名詞 que

「何？」をたずねる疑問代名詞 que (qu') は主語，直接目的語，属詞として用いられます.

❶「何が？」：主語を問う　　　Qu'est-ce qui ne va pas ?　何がうまくいかないのですか？

❷「何を？」：直接目的語を問う　Qu'est-ce que vous faites ?　Que faites-vous ?

　　　　　　　　　　　　　　Vous faites quoi ?　何をしているの（ですか）？

❸「何？」　　：属詞を問う　　Qu'est-ce que c'est ?　C'est quoi ?　これは何（ですか）？

✈ que は文末につけると quoi というかたちになります. くだけた表現として用いられます.

Grammaire 4   動詞 faire

faire（する，つくる）

je	**fais**	nous	**faisons**
tu	**fais**	vous	**faites**
il	**fait**	ils	**font**

Qu'est-ce que tu **fais** ?　何してるの？　　– Je **fais** des courses.　買い物をしているの.

Il **fait** un gâteau.　彼はお菓子を作る.　　Elle **fait** la cuisine.　彼女は料理をする.

Vocabulaire et Expressions　ça を使った表現（1）

　Leçon 1 では Ça va ?「元気？」という挨拶表現を，Leçon 2 では Et avec ça ?「それと？」（そのほかに何を差し上げましょう？）という表現を覚えましたね．この **ça** は，このほかにも色々な場面で使える便利な言葉です．今回の Dialogue では，Où ça ?「それ，どこ？」という表現が出てきました．会話ではこのように，疑問詞のうしろに ça をつけるだけで，簡単な疑問を投げかけることができます．

　Où ça ?　　　それ，どこ？

　Qui ça ?　　　それ，誰？

　Quand ça ?　　それ，いつ？

　Comment ça ?　それ，どんな？

次のように，簡単な相槌としても使います.

　C'est ça. そう.　　Non, ce n'est pas ça. いや，そうじゃない.

Activité

　以下は友達同士の電話でのやり取りです．下のリストを参考に下線部の部分を変えて隣の人と会話してみましょう.

　Je viens de finir~　（～を終えたところだ）

A: Qu'est-ce que tu fais maintenant ?

B: Rien*, je viens de finir le ménage. Et toi ?　　　　　　*「何も」

A: Moi, je viens de finir mon* travail. On va au parc ?　　*「私の」（cf. p.48）

B: Avec plaisir.

le ménage（家事）/ le travail（仕事）/ un livre（本）/ les cours（授業）/ les courses（買い物）

Civilisation La Poivrière

La Poivrière（ラ・ポワブリエール）は，トゥールにある老舗のケーキ屋さん.
もともとの意味は「お城の角に張り出した塔」．王侯貴族の館として建てられ
たロワール古城の象徴よ．その華やかさを体現するようなケーキを作りたい
という意味を込めて，先代のシェフがこの店名をつけたんですって.

トゥールの中心部にある，ロワールの古城のひとつトゥール城．現在は現代アートの美術館となっているわ.

Poivrière

♣ Château de Tours

♣ Musée de Tours

トゥールはロワール渓谷の古城巡りの拠点でもあるわ．いにしえのお城はどれも優美で素晴らしいから，是
非見に来てほしいわ．100以上あるお城の中でも特に人気のあるお城をご紹介するわね.

♣ Château de Chambord

♣ Château de Chenonceau

♣ Château de Chaumont

日本に興味があるマドレーヌは日本人の友人がほしくてたまりません．
そこで，オリヴィエから聞いた菓子店 La Poivrière で働き始めたと
いう日本人の見習い職人に会いにやってきました．

LEÇON 9

(054) **Dialogue**

Madeleine : Salut, Paul. Tu vas bien ?

Paul : Salut, Madeleine. Ça fait longtemps ! Tu viens voir Kento, n'est-ce pas ?

Madeleine : Mais non ! Je viens te voir.

Paul : Allez. Je te connais. Mais il vient de partir faire les courses.

Madeleine : Ah bon… C'est dommage.

Paul : Attends. Je vais lui téléphoner. Je vais lui dire* que tu l'attends.

Madeleine : Mais non ! Ça me gêne ! Laisse-le tranquille !

*cf. p.88「Grammaire 3　動詞 dire」

À vous

■ Dialogue をペアで暗唱しましょう．（前半と後半に分けて暗唱しましょう．）

43　　　　　　　　Leçon 9

※ **Exercices** は p.99

Grammaire 1　補語人称代名詞

主語人称代名詞	直接補語人称代名詞	間接補語人称代名詞
je	me (m′)	
tu	te (t′)	
il	le (l′)	lui
elle	la (l′)	lui
nous	nous	
vous	vous	
ils	les	leur
elles	les	leur

✈ me, te, le, la は母音または無音の h ではじまる語の前に置かれた場合，エリジオンして m′, t′, l′, l′ となります．

❶ 直接補語人称代名詞：動詞のあとに前置詞なしで直接置かれる名詞（直接補語）に代わるもので，多くの場合「〜を」と訳されます．

Tu connais Paul ?　ポールを知っている？　– Oui, je le connais. うん，彼を知ってるよ．

❷ 間接補語人称代名詞：動詞のあとに前置詞 à を入れて置かれる名詞（間接補語）に代わるもので，多くの場合「〜に」と訳されます．

Il téléphone à Paul ?　彼はポールに電話する？
　– Oui, il lui téléphone souvent. うん，よく電話するよ．

どちらも動詞の直前に置かれます．
否定形の場合は，Je ne le connais pas. Je ne lui téléphone pas. となります．

Grammaire 2　動詞 connaître / attendre

055

connaître（〜を知っている）

je	connais	nous	connaissons
tu	connais	vous	connaissez
il	connaît	ils	connaissent

Tu connais cet acteur ?
この俳優知ってる？

On ne connaît pas encore les résultats. まだ結果は分かっていない．

056

attendre（〜を待つ）　✈ 同型 entendre, descendre

j′attends		nous	attendons
tu	attends	vous	attendez
il	attend	ils	attendent

Je t′attends à la gare.
駅で待ってるね．

On attend l′autobus ici.
ここでバスを待ちます．

Grammaire 3 　命令形

　命令形とは，相手に対して話者の命令，依頼，勧誘などを伝える話法です．呼びかける相手に応じて３種類の言い方があります．tu, vous, nous の活用形から主語を取り除いたものがそのまま命令形になります．

❶ er 動詞

Regarde !　　見なさい！　見て！　　　　← Tu regardes.

Regardez !　　見なさい！　見てください！　← Vous regardez.

Regardons !　見ましょう！　　　　　　　← Nous regardons.

❷ aller

Va !　　　　行け！行って！　← Tu vas.

Allez !　　行きなさい！（会話では「ほら」「さあさあ」といった意味でも用いられます．）← Vous allez.

Allons !　行きましょう！　← Nous allons.

　✈ er 動詞と aller の命令法では，tu の活用形の語尾にある s を省きます．

❸ attendre

Attends !　　　待て！待って！　　　　　　← Tu attends.

Attendez !　　待ちなさい！待ってください！　← Vous attendez.

Attendons !　待ちましょう！　　　　　　　← Nous attendons.

　補語人称代名詞をつける場合は，動詞の後ろにハイフンで結びます．このとき，me と te は，moi と toi になります．Dialogue にある Laisse-le tranquille ! は「彼をそっとしておいて」という言い回しです．「私をそっとしておいて」と言いたい場合は，Laisse-moi tranquille ! になります．

Vocabulaire et Expressions　ça を使った表現（2）

Ça fait longtemps !　久しぶり.　　Ça me gêne !　困るな.

Ça me fait plaisir.　うれしいな.　　Ça te plaît ?　気に入った？　Ça me plaît.　気に入った.

Activité

下のリストを参考に，下線部を入れ替えて，隣の人と会話してみましょう．

A: Tu connais ce restaurant ?

B: Oui, je le / la connais. Attends, je vais chercher son adresse.

A: Merci. C'est gentil.

> cette maison（この家）/ ce musée（この美術館）/ ce café（このカフェ）/
> cette boutique（このお店）

La Poivrière のショーケースには，いつも色とりどりの美しいケーキが並んでいて，目移りしてしまうわ.

Praline Chocolat

♣『プラリネショコラ』

甘味のあるショコラクリームにナッツとキャラメルのクリームをサンドしたチョコレートケーキ. サクサク食感がアクセント.

Tarte Tatin

♣『タルトタタン』

タタン姉妹の失敗作から産まれたフランスの代表的なタルトケーキ. バターをたっぷり使ったリンゴのキャラメリゼを何層にも重ねたタルト生地は絶品.

Montmorency

♣『モンモランシー』

洋酒をたっぷりと使い，通常のチョコレートケーキよりも立体的に風味や芳香を感じることのできる，まさに大人のチョコレートケーキ.

Savarin

♣『サヴァラン』

ひと口食べた途端にジュワ～ッと染み出てくるラムシロップがなんとも言えない美味しさ.

Éclair

♣『エクレール』

「稲妻」という意味のお菓子. 季節によってさまざまな味の種類が出るけれど，定番のコーヒー味とショコラ味が一番人気.

Sans Souci

♣『サンスーシ』

オレンジ好きなシェフのスペシャリテで，オレンジとショコラのムースを2層にした創業当時から作っているロングセラー. 柑橘とショコラのマリアージュがたまらない！

Écaille

♣『エカイユ』

フランス語で「べっ甲」という意味のケーキ. 4層仕立ての生地に含ませたムース・オ・ショコラとプラリネクリームの中に，くるみのヌガーを散らしてあり，食感が楽しい.

Mont Blanc

♣『モンブラン』

ラム酒をたっぷりと効かせたタルト生地に，「白い山」ように絞ったフランス産の栗のクリームが絶妙なハーモニー.

Sacherre

♣『サッシェー』

ブランデーをたっぷりと染み込ませた生地にアンズのジャムをサンドしたポワブリエール風大人のザッハトルテ.

Chibouste

♣『シブースト』

カスタードやメレンゲを合わせた「クレームシブースト」をパイ生地の上にのせ，リンゴのソテーを間に挟み上面をキャラメリゼしたフランス発祥の伝統菓子.

マドレーヌはようやく買い物から帰ってきた
ケントと知り合うことができました.

060 *Dialogue*

Kento : Bonjour Madeleine. Je m'appelle* Kento. Enchanté.

Madeleine : Enchantée Kento. Mais vous parlez français ?

Kento : Oui, ma grand-mère est française.

Madeleine : Et votre grand-père est japonais ?

Kento : Oui, c'est ça.

Kento : Si ça vous dérange pas*, on se tutoie*, non ?

Madeleine : Oui, tu as raison. Et on a le même âge, je pense.

Kento : Apparemment oui. Tu as quel âge ?

Madeleine : Moi, j'ai 25 ans. Et toi ?

Kento : Moi, j'ai 29 ans.

* s'appeler 代名動詞（cf. p.56）で「名前は～です」
*口語では否定の ne はよく省略されます. Si ça ne vous dérange pas → Si ça vous dérange pas
* se tutoyer 代名動詞（cf. p.56）で「友だち言葉で話す」

À vous

Dialogue をペアで暗唱しましょう.（前半と後半に分けて暗唱しましょう.）

※ **Exercices** は **p.100**

061 Grammaire 1 　　**所有形容詞**

「誰々の〜」という所有を表す形容詞です．所有される名詞の性数に合わせて変化します．

	男性単数	女性単数	男・女複数
私の	**mon**	**ma (mon)**	**mes**
君の	**ton**	**ta (ton)**	**tes**
彼の／彼女の	**son**	**sa (son)**	**ses**
私たちの	**notre**		**nos**
あなた（たち）の	**votre**		**vos**
彼らの／彼女らの	**leur**		**leurs**

✈ ma, ta, sa は続く名詞が母音で始まる女性単数名詞の場合，mon, ton, son になります．mon amie 私の女友達

mon père　私の父　　　　ma mère　私の母　　　　mes parents　私の両親
ton frère　君の兄（弟）　　ta sœur　君の姉（妹）　　tes frères et sœurs　君の兄弟姉妹
son cousin　彼／彼女のいとこ（男性）　　　　　sa cousine　彼／彼女のいとこ（女性）
ses cousin(e)s　彼／彼女のいとこたち（複数）
notre chien　私たちの犬　　　　　　nos chiens　私たちの犬（複数）
votre livre　あなた（たち）の本（1冊）　　vos livres　あなた（たち）の本（複数）
leur vélo　彼ら／彼女らの自転車（1台）　　leurs vélos　彼ら／彼女らの自転車（複数）

062 Grammaire 2 　　**疑問形容詞**

何らかの対象物を指して，「どれだけ」「どんな」「なに」「どちら」などをたずねる際に使う形容詞です．関係する名詞の性数に合わせて変化します．形は変わりますが，発音はどれも同じです．

男性単数 **quel**	女性単数 **quelle**	男性複数 **quels**	女性複数 **quelles**

❶ 疑問形容詞＋名詞
　Quel âge avez-vous ? (Tu as quel âge ?)　　　おいくつですか？（何歳なの？）
　Quels films aimez-vous ? (Tu aimes quels films ?)
　　　　　　　　　　　　　　　　　どんな映画が好きですか？（どんな映画が好き？）

❷ 疑問形容詞＋être
　Quel est le but de la vie ?　　人生の目的は何か？
　Quelle est votre adresse ?　　あなたの住所はどちらですか？
　Quel est ton sport préféré* ?　　君の好きなスポーツは何？　　＊「お気に入りの」

 Leçon 10　　　　　　　　　　48

Vocabulaire et Expressions 1　年齢の聞き方・答え方

　年齢は avoir を使って言います.「あなたは何歳ですか?」は Quel âge avez-vous ? 日常会話では,より簡単に,主語＋avoir のあとに quel âge ?　をつけて　Tu as quel âge ? 君は何歳?　Vous avez quel âge ? あなたは何歳ですか?　Il a quel âge ? 彼は何歳ですか?　のように聞きます.

　答えるときは,主語＋avoir のあとに 数字 ans. J'ai dix-huit ans. 私は 18 歳です. Nous avons vingt et un ans. 私たちは 21 歳です. Elle a trente ans. 彼女は 30 歳です.

063 Vocabulaire et Expressions 2　副詞　-ment

apparemment	見たところ	finalement	最終的に
complètement	完全に	lentement	ゆっくりと
exactement	まさに,正確に	vraiment	本当に
évidemment	もちろん,明らかに		

Activité

インタビューに答えて自分のことを言ってみましょう.

A: Quel est votre nom ?

B: Je m'appelle _____.

A: Quelle est votre nationalité ?

B: Je suis _____.

A: Quel âge avez-vous ?

B: J'ai _____ ans.

A: Quelle est votre profession ?

B: Je suis _____.

A: Quel est votre sport préféré ?

B: C'est _____. (le foot, le tennis, la natation)

A: Quelle est votre couleur préférée ?

B: C'est _____. (cf. p.26)

Civilisation ⑩　Les chiffres 20〜100

　　フランス語の数字の言い方は独特だけど，規則性を覚えてしまえば大丈夫．0 から 20 まではも う知っているわね (Leçon 2). 次は 20 から 60 まで．10 の位に 1 (un) から 9 (neuf) の数を足して いけばいいだけよ.

20 vingt	**21** vingt et un	**22** vingt-deux	**23** vingt-trois	**24** vingt-quatre
25 vingt-cinq	**26** vingt-six	**27** vingt-sept	**28** vingt-huit	**29** vingt-neuf

30 trente	**31** trente et un	**32** trente-deux	…
40 quarante	**41** quarante et un	**42** quarante-deux	…
50 cinquante	**51** cinquante et un	**52** cinquante-deux	…
60 soixante	**61** soixante et un	**62** soixante-deux	…

♣ 70, 80, 90 は規則がちょっと変わるわ.
　　70 は，60+10 という考え方．10 の位に 11 (onze) から 19 (dix-neuf) の数を足していくの

70 soixante-dix	**71** soixante et onze	**72** soixante-douze	**73** soixante-treize
74 soixante-quatorze	**75** soixante-quinze	**76** soixante-seize	**77** soixante-dix-sept
78 soixante-dix-huit	**79** soixante-dix-neuf		

♣ 80 は，4×20 という考え方．81, 91 は，« et » ではなく « -un » をつけるので注意してね.

80 quatre-vingts	**81** quatre-vingt-un	**82** quatre-vingt-deux	**83** quatre-vingt-trois
84 quatre-vingt-quatre	**85** quatre-vingt-cinq	**86** quatre-vingt-six	
87 quatre-vingt-sept	**88** quatre-vingt-huit	**89** quatre-vingt-neuf	

♣ 90 は，4×20+10 という考え方.

90 quatre-vingt-dix	**91** quatre-vingt-onze	**92** quatre-vingt-douze
93 quatre-vingt-treize	**94** quatre-vingt-quatorze	**95** quatre-vingt-quinze
96 quatre-vingt-seize	**97** quatre-vingt-dix-sept	**98** quatre-vingt-dix-huit
99 quatre-vingt-dix-neuf	**100** cent	

マドレーヌはケントを自宅に招き，一緒に食事をしています．

(065) Dialogue

Madeleine : Qu'est-ce que tu veux boire ? Il y a du vin, de la bière

...

Kento : Je veux bien du vin rouge, si tu en as.

Madeleine : Oui, bien sûr. Je vais ouvrir une bouteille.

Kento : Et toi ? Tu n'en prends pas ?

Madeleine : Non, moi, je vais boire de l'eau.

À VOUS

Dialogue をペアで暗唱しましょう.

066 Grammaire 1　　**動詞 vouloir**

vouloir は,「〜がほしい」「〜したい」という意味の動詞です．うしろに不定詞をつけることもできます．

vouloir (〜がほしい, 〜したい)			
je	veux	nous	voulons
tu	veux	vous	voulez
il	veut	ils	veulent

Je **veux** cette robe.　このワンピースがほしい.

Qu'est-ce que tu **veux** faire ce week-end ?　今週末何がしたい?

　– Je **veux** aller au cinéma.　映画に行きたい.

067 Grammaire 2　　**部分冠詞**

　数えられない名詞につけられ,「いくらかの量」があることを示します．基本的に量を表す冠詞のため,複数形はありません.

男性　**du (de l')**	女性　**de la (de l')**

　✈ 母音または無音の h で始まる名詞の前で, du, de la はどちらも de l' という形になります.

　→否定文で, 直接目的語の前に置かれた部分冠詞は de になります.　Je n'ai pas de vin.

❶ 量として認識されるもの　　：液体　　du vin ワイン, de l'eau 水, du café コーヒー,
　　　　　　　　　　　　　　　　　　　　 du jus d'orange オレンジジュース
　　　　　　　　　　　　　　食べ物　du pain パン, de la viande 肉, du poisson 魚,
　　　　　　　　　　　　　　　　　　　 de la glace アイスクリーム

❷ 抽象的にとらえられるもの：　　　　de la musique 音楽, de la chance 幸運,
　　　　　　　　　　　　　　　　　　 du courage 勇気

❸ スポーツ, 学芸などの技能：　　　　du foot サッカー, de la natation 水泳,
　（faire とともに用いられる）　　　 du piano ピアノ, de la guitare ギター, du théâtre 演劇

部分冠詞の基本的な用法である ❶ について, 不定冠詞, 定冠詞との対比を通して理解しましょう.

　① **Un** café, s'il vous plaît.　コーヒーを一杯ください.（不定冠詞）

　② J'aime **le** café.　　　　　 コーヒーが好きです.（定冠詞）

　③ Je bois **du** café.　　　　　コーヒーを飲みます.（部分冠詞）

このように, 話し手がその対象を量としてイメージしている場合に, 部分冠詞を用いるのです.

(068)

Grammaire 3 　中性代名詞 en （1）

中性代名詞 en は，動詞の直接目的語として不定冠詞や部分冠詞のついた名詞に代わります．「中性」という名称の通り，男性名詞，女性名詞に関わりなく用いられる代名詞です．動詞の直前に置かれます．

Vous voulez du vin ?　ワインはいかがですか？

　　– Oui, j'**en** veux. / Non, je n'**en** veux pas.　はい，ほしいです．／いいえ，いりません．

Avez-vous des frères ?　ご兄弟はいらっしゃいますか？

　　– Oui, j'**en** ai deux.* / Non, je n'**en** ai pas.　はい，2人います．／いいえ，いません．

＊具体的な数や量は動詞のあとにつけます．

Grammaire 4　動詞 boire / ouvrir

(069)

boire（飲む）

je	bois	nous	buvons
tu	bois	vous	buvez
il	boit	ils	boivent

Il **boit** du vin.
彼はワインを飲む．

(070)

ouvrir（開く）　　　✈ 同型 offrir, souffrir

j'ouvre		nous	ouvrons
tu	ouvres	vous	ouvrez
il	ouvre	ils	ouvrent

Ouvre la porte, s'il te plaît.
ドアを開けて．

Vocabulaire et Expressions　il y a~

il y a の後ろに名詞をつけると，「～がある」「～がいる」という表現になります．

Il y a une pâtisserie au bout de la rue.　通りのつきあたりにケーキ屋がある．

Il y a du monde !　すごい人出だ！（たくさんの人がいる）

Activité

B の人は，下のリストを参考に自分の飲みたいものを答えましょう．交互にやり取りしてみましょう．

A: Tu bois quelque chose ?

B: Oui, j'ai soif. Je veux bien ＿＿＿＿＿＿＿＿＿＿ , s'il te plaît.

A: Avec des glaçons ?

B: Oui merci, j'en veux bien. / Non merci, je n'en veux pas.

de l'eau（水）/ du jus d'orange（オレンジジュース）/ de la citronnade（レモネード）

Civilisation ⑪ Les boissons

　フランスの飲み物と言えばワインだけど，アルコール以外では，コーヒー，紅茶のほか，ミネラルウォーターや炭酸水などがよく飲まれているわ．それから意外と知られてないんだけど，フランス人はシロップが大好き．ミント，イチゴ，レモン，ザクロ，カシスなど色々なフレーバーがあって，スーパーでもたくさん売られているの．そのシロップに水を入れたものを，Menthe à l'eau（ミント水），Cassis à l'eau（カシス水）．炭酸水を入れたものを，Diabolo Menthe（ディアボロミント），Diabolo Cassis（ディアボロカシス）と呼んでいるわ．色もきれいだし，清涼感があって夏にぴったり．夏と言えば，イタリアから来た Granita（グラニタ）も人気ね．糖度の低いシロップを固くならないように半冷凍させたイタリアン・シャーベットよ．

♣赤ワイン

♣白ワイン

♣シャンパン

♣ビール

♣パナシェ

♣アイスティ

♣ミント水

♣ザクロ水

ケントは両親の働くカフェを手伝っているマドレーヌの
一日のスケジュールを聞いています.
彼女はどんな毎日を過ごしているのでしょう.

LEÇON 12

(072) *Dialogue*

Kento : Tu te lèves à quelle heure le matin ?

Madeleine : En général, je me lève à 6 heures.

Kento : Et à quelle heure tu commences le travail ?

Madeleine : Vers 7 heures et demie, je descends au café et je commence à préparer l'ouverture.

Kento : Au fait, il est quelle heure maintenant ?

Madeleine : Il est une heure pile.

Kento : Déjà ? Bon, je me sauve, je retourne travailler.

À vous

　Dialogue をペアで暗唱しましょう.（前半と後半に分けて暗唱しましょう.）

55　　　　　　　　　　　　　　　　　　　Leçon 12

(073) **Grammaire 1** **代名動詞**

主語と同じものを指す再帰代名詞 se をともなう動詞です. 再帰代名詞 se も主語に合わせて変化します.

se coucher (寝る, ベッドに入る)

je	me	couche	nous	nous	couchons
tu	te	couches	vous	vous	couchez
il	se	couche	ils	se	couchent

s'habiller (服を着る)

je	m'habille	nous	nous	habillons
tu	t'habilles	vous	vous	habillez
il	s'habille	ils	s'habillent

✈ 母音または無音のhではじまる動詞の場合には, 再帰代名詞がエリジオンすることに注意しましょう.

❶ 再帰的：自分を／自分に～する

　　lever~「～を起こす」→ se lever「自分を起こす」⇒「起きる」, appeler~「～を呼ぶ」→ s'appeler「自分を…と呼ぶ」⇒「私の名前は…です」というように, そもそも他動詞である動詞に, 主語と同じ再帰代名詞をつけることで, 行為を自分に「再帰」させよう（自動詞的役割をさせよう）とするのが代名動詞の根本的な考え方です. けれども, こうした理屈はコミュニケーションをとる際には必要ありません.「食べる」がmangerであるように,「起きる」は se lever.「この動作は代名動詞で言うものだ」と覚えてしまいましょう. このほかにも, 代名動詞は「目が覚める」se réveiller,「体を洗う」se laver,「散歩する」se promener,「休息する」se reposer,「座る」s'asseoir,「急ぐ」se dépêcher,「（急いで）立ち去る」se sauver など, 日常的な動作に多く用いられています. Vous vous appelez comment ?「お名前は何ですか？」– Je m'appelle ~「私の名前は～です」という言い方も, ここでしっかり覚えておきましょう.

❷ 相互的：互いを／互いに～する（主語は複数〔on も含む〕）

　　Nous **nous aimons**. 私たちは愛し合っている. 　　On **se téléphone**. 私たちは互いに電話し合う.

❸ 受動的：～れる, られる（主語は物）

　　Le français **se parle** dans le monde entier. 　フランス語は世界中で話されている.
　　Le chocolat au thé vert **se vend** partout. 　　抹茶チョコレートはあちこちで売られている.

❹ 本質的：代名動詞のかたちしかないもの

　❶と同様,「この動作は代名動詞で言うものだ」と理屈抜きで覚えるしかない表現です.

　　Vous **vous souvenez** de ces évènements ? 　あの事件を覚えていますか？

　　On **s'en va** ! さあ, 行こう！

　✈ 命令形にする場合は, 再帰代名詞を動詞の後ろにハイフンで結びます. このとき, me と te は, moi と toi になります.（cf.p.45）

　　se dépêcher → Dépêche-toi ! 急いで！　Dépêchez-vous ! 急いでください！　Dépêchons-nous ! 急ごう！

◆辞書の引き方（代名動詞）：代名動詞を辞書で引くときには，再帰代名詞 se を省いた不定詞で引きます．例えば，se coucher の場合には，coucher で引きます．すると，他動詞，自動詞，代名動詞の順に項目が出てきます．

Vocabulaire et Expressions　時刻の言い方

時刻を言うには非人称構文を用います．

非人称構文とは，〈形式的主語 il ＋三人称単数の動詞〉の構文のことです．英語の It と同様の使い方です．

　Quelle heure est-il ?　何時ですか？

　Il est ○ heures.　○時です．＊1 時のときのみ，une heure と単数形．

それ以外は，○に deux, trois, quatre, cinq, six, sept, huit, neuf, dix, onze, douze を入れます．

昼の 12 時は midi，午前零時は minuit と言います．Il est midi.　Il est minuit.

　Il est ○ heures ~.　~分です．

1 分なら une，5 分なら cinq，15 分なら quinze と数字だけをつけます．Il est une heure cinq.

ただし 15 分は et quart，半（30 分）は et demie，15 分前（45 分）は moins le quart という別の言い方があり，日常的によく使われます．

　Il est midi et quart. Il est deux heures et demie. Il est trois heures moins le quart.

「○時ちょうど」というときには，○ heures juste くだけた言い方では pile と言います．

　Il est dix heures juste / pile.

Activité

自分の一日のスケジュールを書いてみましょう．書けたら隣の人に言ってみましょう．

下の動詞を使って　Je me lève à six heures et demie.　のように書いてみましょう．

時刻を文頭に置いてもかまいません：À six heures et demie, je me lève.

「何時から何時まで」は，de ○ heures à ○ heures.

「どこどこで」と言いたいときは，à 場所（縮約に注意）．

「誰々と」と言いたいときは avec 人.

> 目が覚める se réveiller　　　起床する se lever　　　シャワーを浴びる se doucher
> お化粧をする se maquiller　　服を着る s'habiller　　大学に行く aller à la fac
> 授業に出る assister aux cours　　お昼ご飯を食べる déjeuner
> 部活をする（フランスでは「部活」が一般的ではないので，活動を具体的に言う方が自然です．サッカー部なら，faire du foot au club といったように．au club「クラブで」をつけると「部活」で「サッカー」をしているのだと分かります．）
> バイト（仕事）に行く aller au travail
> 勉強をする travailler（「仕事をする」も「勉強する」もどちらも travailler.）
> 家に帰る rentrer　　本を読む lire　　テレビを観る regarder la télé　　夕食をとる dîner
> 電話で話す parler au téléphone〔avec un(e) ami(e)（友達と）/ mon ami (e)（恋人と）〕
> 就寝する se coucher

私のお休みは水曜日と日曜日．休日はいつ
もより遅く起きて，友達と映画を観に行った
り，公園でのんびり本を読んだりとゆっくり
過ごすことが多いかな．日曜日にはミサにも
行くわ．といっても私は敬虔なクリスチャン
じゃないから，何か心配事があるときに行く
くらいだけどね…．

Quel jour sommes-nous ? / On est quel jour ?　　今日は何曜日？

— Nous sommes samedi. / C'est samedi.　　今日は土曜日．

曜日は，月，惑星の名に由来するわね．日曜日は，英語で Sunday つまり「太陽の日」だけど，フランス語ではちがうわ．

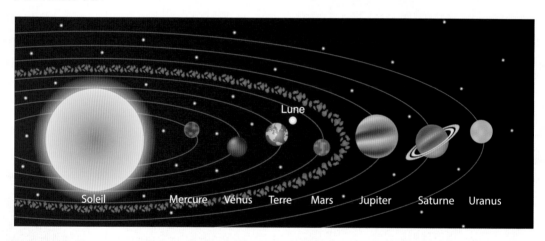

| 月曜日 | Lundi, c'est le jour de la Lune. | （月） |

| 火曜日 | Mardi, c'est le jour de Mars. | （火星） |

| 水曜日 | Mercredi, c'est le jour de Mercure. | （水星） |

| 木曜日 | Jeudi, c'est le jour de Jupiter. | （木星） |

| 金曜日 | Vendredi, c'est le jour de Vénus. | （金星） |

| 土曜日 | Samedi, c'est le jour de Saturne. | （土星） |

日曜日 *Alors, le jour pour le Soleil, c'est Dimanche !*
Mais non, ce n'est pas ça. Dimanche, c'est le jour du Seigneur.

ケントは自分の祖父母のことをマドレーヌに話しています.
彼らはどのように出会ったのでしょうか.

076 Dialogue

Kento : Mon grand-père est venu en France pour apprendre
la pâtisserie.

Madeleine : Et là, il a rencontré sa femme !

Kento : Exactement. Il est tombé amoureux
de ma grand-mère.

Madeleine : Comme c'est romantique !

À VOUS

▌ Dialogue をペアで暗唱しましょう.

Grammaire 1 **直説法複合過去**

　複合過去とは，「～した」「～したことがある」と過去の出来事を言うときに用いる時制です．「助動詞と過去分詞を複合」しているという意味から，複合過去という文法用語で呼ばれています．一般的には助動詞として avoir を用いますが，いくつかの自動詞と代名動詞には être を用います．

❶ すべての他動詞と大半の自動詞：**avoir の現在形＋過去分詞**

　rencontrer：～と出会う ⇒ avoir の現在形＋ rencontrer の過去分詞 rencontré ⇒ ～と出会った

(077)

j'ai		rencontré	nous	avons	rencontré
tu	as	rencontré	vous	avez	rencontré
il	a	rencontré	ils	ont	rencontré
elle	a	rencontré	elles	ont	rencontré

Hier soir, on **a chanté**, on **a dansé**.　昨晩．私たちは歌い，踊った．

❷- ① 「場所の移動」「往来」「発着」「生成」「状態の変化」などを表す一部の自動詞：aller (allé) 行く venir (venu) 来る　partir (parti) 出発する　arriver (arrivé) 到着する　rentrer (rentré) 帰る naître (né) 生まれる　mourir (mort) 死ぬ　など．

　✈ être を助動詞にとる場合には，過去分詞を主語の性と数に一致させなければなりません．

　venir：来る ⇒ être の現在形＋ venir の過去分詞 venu ⇒ 来た

(078)

je	suis	venu(e)	nous	sommes	venu(e)s
tu	es	venu(e)	vous	êtes	venu(e)(s)
il	est	venu	ils	sont	venus
elle	est	venue	elles	sont	venues

Ce matin, je **suis allé(e)** à la fac.　今朝．私は大学に行った．

❷- ② すべての代名動詞：**être の現在形＋過去分詞**

　se lever 起きる ⇒ être の現在形＋ lever の過去分詞 levé ⇒ 起きた

(079)

je	me	suis	levé(e)	nous	nous	sommes	levé(e)s
tu	t'es		levé(e)	vous	vous	êtes	levé(e)(s)
il	s'est		levé	ils	se	sont	levés
elle	s'est		levée	elles	se	sont	levées

Je **me suis douché(e)** avant de partir.　出発前にシャワーを浴びた．

Grammaire 2 　過去分詞

第一群規則動詞と aller（語尾が -er で終わる動詞すべて）の語尾は -é : donner → donné

第二群規則動詞 の語尾は -i : finir → fini

その他：être → été 　　　　　avoir → eu

　　　　connaître → connu 　　faire → fait 　　prendre → pris

　　　　venir → venu 　　　　　voir → vu 　　　　vouloir → voulu

Grammaire 3 　複合過去の否定形

複合過去を否定形にするときには，助動詞を ne ~ pas（ほか否定表現）ではさみます.

　Je n'ai pas vu Marie aujourd'hui. 　今日はマリーを見ていない.

　Je ne suis jamais* allé(e) à la mer. 私は今まで一度も海に行ったことがない.

　＊ ne ~ jamais 　決して~ない. 今まで一度も~ない.

Vocabulaire et Expressions 　時の表現（過去）

hier 昨日 　　　　　　　　　avant-hier 一昨日 　　　　il y a 3 jours 3日前

la semaine dernière 先週 　　le mois dernier 先月 　　　l'an dernier 去年

il y a 2 ans 2年前 　　　　　depuis 10 ans 10年前から

Activité

下のリストを参考にして, あなたが昨日したことを書いてみましょう. それをもとに隣の人と会話してみましょう.

例）

A: Qu'est-ce que tu as fait hier ?

B: J'ai étudié les maths. Et toi ?

A: Moi, je suis allé à la fac et j'ai préparé mon examen.

◆助動詞 avoir

　étudier [le français / l'anglais / les maths / la chimie / la biologie]

　～を勉強する ［フランス語／英語／数学／化学／生物学］

　travailler à temps partiel バイトする 　　préparer un examen 試験勉強をする

　faire du sport [du tennis / du foot] スポーツをする［テニス／サッカー］

　faire les courses 買い物をする

　discuter avec un ami / une amie / des ami(e)s 友達と話す（男友達／女友達／友人たち）

◆助動詞 être

　aller [à la fac / chez un(e) ami(e) / à la bibliothèque / au cinéma / au restaurant

　/ au café] ～に行く［大学／友達の家／図書館／映画館／レストラン／カフェ］

　se lever [tôt / tard] ［早く／遅く］起きる 　　　se coucher [tôt / tard] ［早く／遅く］寝る

Civilisation ⑬　L'apprentissage

　　ケントのおじいさんは，もともと広島でお菓子職人をしていたんだけど，本場のフランス菓子を学びたいと単身トゥールにやってきて，目についたケーキ屋さんの門を叩いたそうよ．それが今，孫のケントが働いている la Poivrière だったの．最初はフランス語も分からないから，紙に書いてもらったものを辞書で調べて必死に仕事を覚えていったんですって．すごい意志と勇気よね．その甲斐あって，ケントのおじいさんは日本に帰国後，広島にフランス菓子のお店を開いて，そのお店を POIVRIERE と名付けたのよ．

♣若き日のポワブリエールのマダムとシェフ

♣広島ポワブリエールの Petite Madeleine

　　トゥールには，見習い (l'apprentissage) や徒弟制度 (le compagnonnage) をテーマとした博物館 Musée du Compagnonnage（徒弟制度博物館）があるわ．歴史や伝統の技術を重んじるフランスならではの博物館で，工芸品から菓子細工まで，職人技が光る作品が数多く展示されているの．

♣ Musée du Compagnonnage

ケントの話は続いています.
ケントの祖父母は何歳のときに出会ったのでしょうか.

(082) Dialogue

Madeleine : Ils avaient quel âge ?

Kento : Mon grand-père avait 25 ans, ma grand-mère avait 18 ans.

Madeleine : Elle était étudiante ?

Kento : Non, elle travaillait dans le café de ses parents.

Madeleine : Comme moi !!

Kento : Oui, ils étaient jeunes ... C'est un peu comme nous !

À VOUS

■ Dialogue をペアで暗唱しましょう.

083 **Grammaire 1**　**直説法半過去**

　半過去とは，「〜していた」「〜したものだった」という過去の継続的行為，反復行為，習慣や，「〜だった」という過去の状態，状況を言うときに用いる時制です．活用は，nous の現在形の活用から語尾 -ons を取り去ったものを語幹とし（être のみ例外），すべての動詞に共通の語尾をつけます．

avoir		
j'avais	nous	avions
tu avais	vous	aviez
il avait	ils	avaient

être		
j'étais	nous	étions
tu étais	vous	étiez
il était	ils	étaient

　Quand j'étais petit(e), j'habitais à Paris. 私は小さい頃，パリに住んでいた．

　過去のある時点における状態や進行中の行為であっても，持続した期間が明示されていれば，始まりと終わりが確定されていることになり，複合過去が用いられます．半過去は行為の始まりと終わりを問題にせず，あくまでも出来事を継続中の状態としてとらえます．

　Pendant dix ans, il a été malade. 10年間，彼は病気だった．（複合過去）
　Il y a dix ans, il était malade. 　　10年前，彼は病気だった．（半過去）

Grammaire 2　**直説法大過去**

　大過去とは，ある時点ですでに「〜していた」「〜し終わっていた」と言うときに用いる過去形のことです．

　複合過去の助動詞を半過去形にすると大過去になります．

　Quand je suis arrivé(e) chez elle, elle était déjà partie.

　私が彼女の家に着いた時，彼女はすでに出発してしまっていた．

❶ **rencontrer**（〜と出会う）⇒ avoir の半過去形＋ rencontrer の過去分詞 rencontré ⇒「〜と出会っていた」

❷-① **venir**（来る）⇒ être の半過去形＋ venir の過去分詞 venu ⇒「来ていた」

❷-② **se lever**（起きる）⇒ être の半過去形＋ lever の過去分詞 levé ⇒「起きていた」

Vocabulaire et Expressions 1　comme を使った表現

Leçon13 Dialogue にあった « Comme c'est romantique ! » のように感嘆の表現としても使われる comme ですが,「～のように」「～と同じく」「～とおりに」といった意味でもよく使われます.

comme moi	私みたい
comme ça	こんな風な（に）
comme d'habitude	いつものように
comme prévu	予定通りに

Vocabulaire et Expressions 2　場所を表す前置詞

dans	～の中に	Il y a un petit chat dans la maison. 家の中に子猫がいる.
sur	～の上に	Il y a un petit chat sur la table. テーブルの上に～
sous	～の下に	Il y a un petit chat sous la table. テーブルの下に～
entre	～の間に	Il y a un petit chat entre les roues de la voiture. 車輪の間に～

Activité

夏休み中に行った場所を下線部に入れて，隣の人と以下のやり取りをしてみましょう.

A: Qu'est-ce que tu as fait pendant les vacances d'été ?
B: Je suis allé(e) _____.
A: C'est vrai ? Et c'était bien ?
B: Oui, c'était magnifique !

> à Paris / à Kyoto
> en France / en Corée / en Italie
> au Canada / au Maroc
> aux États-Unis / aux Philippines
> chez mes parents / chez mes grands-parents / chez un(e) ami(e)

＊都市名　à
　女性名詞および母音ではじまる男性の国　en
　男性名詞（単数）の国　au
　男性／女性名詞（複数）の国　aux

Civilisation ⑭ Les cafés

　　フランスのカフェと言えば，街路に面した歩道にテーブルや椅子がせり出して
置かれているのがよく見られるわね．注文するときに要注意なのは，un café と注文して出てく
るのは，エスプレッソだということ．日本でいう普通のコーヒーがほしければ，un café allongé
（薄めたコーヒー）と言ってね．そのほか，ビール，ワイン，スイーツやサンドイッチなどの軽食を
おいているのが普通よ．本格的なお料理を出すところは，カフェレストランと呼ばれているわ．

Le Procope
♣ ル・プロコープ
1686 年創業．パリ最古のカフェ．
ナポレオン，ルソー，ショパンも通っ
た有名店で，現在では，伝統的なフ
ランス料理が楽しめるカフェレスト
ランとなっているわ．

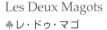

Les Deux Magots
♣ レ・ドゥ・マゴ
1812 年創業．ヴェルレーヌ，
ランボー，ヘミングウェイ，
サルトル，ボーヴォワールと
いった名だたる文学者たちが
通ったカフェ．すぐ隣の「ル・
カフェ・ド・フロール」とと
もに，文学愛好者たちの聖地
とも言える場所よ．

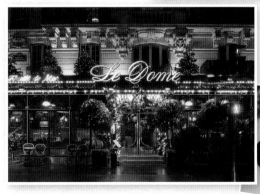

Le Dôme
♣ ル・ドーム
1897 年創業．「ラ・ロトンド」「ル・セレクト」「ラ・クーポール」と並び，モンパルナス 4 大カフェのひとつ．ピカソ，
藤田嗣治，モディリアーニといったベルエポック期の画家たちの溜まり場だったカフェよ．現在は日本人のシェフ
を迎えて，魚料理が美味しいことで有名なカフェレストランとなっているわ．

マドレーヌとケントはパリに遊びにきました.
パリの空模様はどうでしょうか.

(085) **Dialogue**

Kento :   C'est la première fois que je viens à Paris !

Madeleine :   Malheureusement, il neige.

Kento :   Ça tombe bien, j'adore la neige.

Madeleine :   Oui, mais il fait trop froid pour se promener.

Kento :   Mais regarde, Madeleine ! C'est pas beau ça ? Tous les bâtiments sont blancs !

Madeleine :   Bah oui, et tout le monde est mouillé. Il faut un parapluie.

À VOUS

▌ Dialogue をペアで暗唱しましょう.

※ **Exercices** は p.105

086 Grammaire 1　　**非人称構文**

形式上の主語として il を用い，天候や時刻（**cf. p.57**）のほか，さまざまな慣用表現をつくります。

❶ 天候

Quel temps fait-il à Paris ?　パリはどんな天気ですか？

Il pleut. 雨が降る.　　　　Il neige. 雪が降る.　　　　Il y a du vent. 風がある.

Il fait beau. 天気がいい.　　Il fait mauvais. 天気が悪い.

Il fait chaud. 暑い.　　　　Il fait froid. 寒い.

❷ Il faut ~

Il faut + 名詞「〜が必要である」　Il faut un permis pour conduire. 運転するには免許が必要だ.

　　　　　　　　　　　　　　Il me faut du temps pour résoudre ce problème.
　　　　　　　　　　　　　　（私が）この問題を解決するのには時間が必要だ.

　　　　　　　　　　　　　　Il ne faut pas faire ça. そんなことをしてはいけない.

Il faut + 動詞の不定詞「〜しなければならない」　Il faut se dépêcher. 急がなければいけない.

❸ Il est + 形容詞 + **de** + 動詞の不定詞「〜するのは…である」

Il est important d'apprendre une deuxième langue. 第二外国語を学ぶのは大切だ.

Il m'est difficile d'accepter cela. それを受け入れるのは私には難しい.

087 Grammaire 2　　**強調構文**

C'est ~ qui　主語を強調する場合

C'est ~ que　主語以外の要素を強調する場合

C'est toi qui dois faire ce travail.　この仕事をするべきなのは君だ.

C'est ce travail que tu dois faire.　君がするべきなのはこの仕事だ.

C'est la première fois que je viens à Paris !　パリに来たのは初めてだ！

088 Vocabulaire et Expressions 1　序数

1$^{er(ère)}$	premier / première	＊「1 番目」だけ男性形と女性形の区別があります.
2^e	deuxième [second(e)]	＊「2 番目」だけ二つの言い方があります.
3^e	troisième	
4^e	quatrième	8e　huitième
5^e	cinquième	9e　neuvième
6^e	sixième	10e　dixième
7^e	septième	

(089) **Vocabulaire et Expressions 2**   前置詞 pour

❶ 〜の方へ   Je pars pour l'Espagne demain.   私は明日スペインに向けて出発する.
❷ 〜のために   Elle fait la cuisine pour tout le monde.   彼女は皆のために料理をしている.
   〜するのに   Il faut une heure pour y aller.   そこに行くのに1時間かかる.
❸ 〜用の   C'est un cadeau pour toi.   これは君へのプレゼントだよ.
❹ 〜にとって   C'est important pour moi.   それは私にとって大事なことだ.

(090) **Vocabulaire et Expressions 3**   形容詞 tout を使った表現

tout ＋定冠詞＋名詞で「すべての〜」「〜全体」という表現になります. このときの tout は形容詞なので, 修飾する名詞の性数に合わせてかたちを変えます.

tout le monde   全員
toute la journée   一日中
tous les jours   毎日
toutes les choses   すべてのこと

J'invite tout le monde.   私は全員を招待します.
Il a plu toute la journée.   一日中雨が降っていた.
Elle va à la fac tous les jours. 彼女は毎日大学に行く.
J'ai rangé toutes les affaires.   私はすべてのものを片付けた.

Activité

次の3つのパターンをペアでやり取りしてみましょう.

A: Il fait [chaud / beau / mauvais] aujourd'hui.
B: On va [à la plage / au parc / au cinéma] ?
A: Il faut combien de temps* pour y aller ?   ＊combien de temps   どのくらいの時間
B: Il faut [une heure en train / une demi-heure en bus / 20 minutes à pied].

Civilisation 15 Paris

 パリは真ん中から時計回りに 1 区から 20 区まで番号がふられているの. そのかたちからエスカルゴとも呼ばれているのよ.

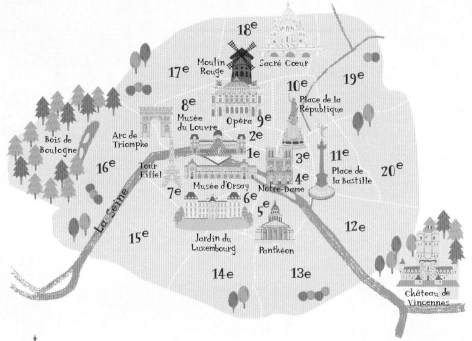

18ᵉ
Moulin Rouge   Sacré Cœur
17ᵉ   19ᵉ
10ᵉ
8ᵉ   Place de la
Musée   République
du Louvre   Opéra 9ᵉ
Arc de   2ᵉ   11ᵉ
Triomphe   1ᵉ   3ᵉ   Place de
Bois de   la Bastille
Boulogne   16ᵉ   Tour   4ᵉ   20ᵉ
           Eiffel   Musée d'Orsay   Notre-Dame
           7ᵉ   6ᵉ   5ᵉ   12ᵉ
           15ᵉ   Jardin du   Panthéon
                      Luxembourg
                                        Château de
              14ᵉ   13ᵉ   Vincennes

— Le musée du Louvre est dans le 1ᵉʳ arrondissement.
— La tour Eiffel est dans le 7ᵉ arrondissement.
— La cathédrale Notre-Dame est dans le 4ᵉ arrondissement.

♣ 火災前

♣ 火災後

2019 年にはパリのノートルダム大聖堂で火災が起きて, 屋根と尖塔が崩落するというショッキングな事件が起きたわね. 早く再建されてまたもとの姿に戻ってくれますように.

久しぶりにオリヴィエと話し込んでいるマドレーヌ.
何を話しているのでしょうか.

(092) Dialogue

Madeleine : Kento finira son apprentissage le mois prochain.

Olivier : Et qu'est-ce que tu vas faire, toi ? Tu l'aimes, non ?

Madeleine : Oui, mais je ne sais pas s'il restera en France ou s'il
rentrera au Japon.

Olivier : Il vaut mieux* lui demander.

Madeleine : Je crois qu'il a une petite amie japonaise. J'ai vu une
photo. Elle est plus jolie que moi.

Olivier : C'est impossible, tu es la plus belle fille du monde !

* il vaut mieux ~「〜する方が良い」

À vous

■ Dialogue をペアで暗唱しましょう.（前半と後半に分けて暗唱しましょう.）

直説法単純未来

未来の行為，状態，予定などを言うときの時制です．英語のように will，shall を使わず，動詞自体が活用するという意味で「単純」未来という文法用語がつけられています．

rester （とどまる）

je	resterai	nous	resterons
tu	resteras	vous	resterez
il	restera	ils	resteront

✈ 語尾はすべての動詞に共通です．
✈ -er 動詞と -ir 動詞の場合，不定詞が語幹になります．rentrer → je rentrerai　finir → je finirai
✈ その他　être → je serai, avoir → j'aurai, aller → j'irai, faire → je ferai, venir → je viendrai など．

Il **restera** en France.　彼はフランスにとどまるだろう．
Elle **rentrera** au Japon.　彼女は日本に帰るだろう．

動詞　savoir

「〜を知る」「〜を知っている」という意味の動詞です．うしろに従属節をともなって「（〜ということを）知っている」，不定詞をつけて「〜することができる」のように用いられます．

savoir （〜を知っている，〜できる）過去分詞 su

je	sais	nous	savons
tu	sais	vous	savez
il	sait	ils	savent

Je **sais** que vous l'aimez.
あなたが彼（彼女）を愛していることは知っています．
Tu **sais** conduire ?　運転はできる？
Tu **sais**. Vous **savez**.　ねえ．（相手の注意を引くため，文頭や文末に置きます．）
Tu **sais**, il est parti.　彼出ていったって．

動詞　croire

「〜を信じる」「（〜だと）思う」「（のような）気がする」という意味の動詞です．

croire （〜だと思う）過去分詞 cru

je	crois	nous	croyons
tu	crois	vous	croyez
il	croit	ils	croient

Je ne **crois** pas cette histoire.
そんな話は信じないよ．
Tu **crois** qu'elle sait le faire ?
彼女にそれができると思う？
Tu **crois** ? Vous **croyez** ?
本当に？（相手の言うことに疑いを示す表現）

Grammaire 4　比較級

①形容詞：主語の性数に一致させます.

優等比較　Elle est **plus** grande **que** sa mère.　　　　　彼女は母より背が高い.

同等比較　Elle est **aussi** grande **que** son grand frère.　彼女は兄と同じくらい背が高い.

劣等比較　Elle est **moins** grande **que** son père.　　　　彼女は父より背が低い.

②副詞：副詞のかたちは常に変わりません.

優等比較　Elle mange **plus** vite **que** sa mère.　　　　　彼女は母よりも食べるのが速い.

同等比較　Elle mange **aussi** vite **que** sa petite sœur.　彼女は妹と同じくらい速く食べる.

劣等比較　Elle mange **moins** vite **que** son père.　　　　彼女は父より食べるのが遅い.

Grammaire 5　最上級

①形容詞：形容詞を最上級にする場合，plus, moins の前に形容詞の性数に応じて定冠詞 le, la, les をつけます.

優等最上級　C'est lui qui est **le plus** grand **de** la famille.　　家族の中で一番背が高いのは彼だ.

劣等最上級　C'est elle qui est **la moins** grande **de** la famille.　家族の中で一番背が低いのは彼女だ.

②副詞：副詞を最上級にする場合，plus, moins の前に冠詞 le をつけます.

優等最上級　Il mange **le plus** vite **de** la famille.　　　　彼は家族の中で食べるのが一番速い.

劣等最上級　Elle mange **le moins** vite **de** la famille.　彼女は家族の中で食べるのが一番遅い.

③ bon（良い，おいしい）と bien（よく，うまく）の優等比較級は以下のような特殊なかたちになります.

Ce plat est **meilleur** que l'autre.　この料理はもう一つの料理よりおいしい.

C'est **la meilleure** danseuse.　彼女は最高のダンサーだ.（性数に応じた定冠詞をつけると最上級になります）

Il joue du piano **mieux** que les autres.　彼はほかの人よりもピアノを上手に弾く.

C'est elle qui danse **le mieux**.　一番ダンスが上手いのは彼女だ.（定冠詞 le をつけると最上級になります）

Vocabulaire et Expressions　時の表現（未来）

demain　明日	après-demain　あさって	dans 3 jours　3日後
la semaine prochaine　来週	dans une semaine　1週間後	
le mois prochain　来月	dans un mois　1ケ月後	
l'année prochaine　来年	dans un an　1年後	dans 2 ans　2年後

Civilisation ⑯ La date et les mois

ケントが帰国する日が近づいているかと思うと気が気じゃなくて，このところ
カレンダーを見てはため息ばかりついているわ.

✳ **la date** 日にち

— On est le combien aujourd'hui ?　　　　　　今日は何日ですか？
On est le 10 (dix) avril 2020.　　　　　　今日は 2020 年 4 月 10 日です.

— On est le 1ᵉʳ janvier 2020.　　　　　　（1 日のみ le premier と序数を用います）
　　　　　　　　　　　　　　　　　　　　　今日は 2020 年 1 月 1 日です.

— Le 14 (quatorze) juillet, en France,　　　7月14日は，フランスでは，
c'est la Fête nationale.　　　　　　　　　国民の祝日です.

— Je suis né(e) le 17 (dix-sept) septembre 2001.　私は 2001 年 9 月 17 日に生まれました.

✳ **le mois** 月 / **en** ~　~月に / **au mois de** ~

1月	janvier	7月	juillet
2月	février	8月	août
3月	mars	9月	septembre
4月	avril	10月	octobre
5月	mai	11月	novembre
6月	juin	12月	décembre

FRANCE

フランスはカトリックの国. 熱心な信者は少
なくなってきたけれど，年間行事としてはキリ
スト教にまつわるものが多いの.

♣ガレット・デ・ロワ

♣東方三博士の礼拝

◆ **Épiphanie**（le 6 janvier）公現祭. 東方の三博士によるイエス・キリストの誕生確認を祝う日.

　フランスでは，galette des rois（ガレット・デ・ロワ）というケーキを食べてお祝いするの. ケーキの中に
は fève（フェーヴ）と呼ばれる小さな陶器の人形（豆やアーモンドの場合もあり）が一つ入っていて，それを引き
当てた人は，王冠をかぶって祝福されるというならわしよ.

ケントはマドレーヌに家族の写真を見せています.
ケントに可愛い恋人がいると思っていたマドレーヌの
誤解も解けたようですね.

(100) *Dialogue*

Madeleine : Quelles jolies maisons ! C'est chez vous ?

Kento : Oui, celle-ci, c'est la maison où habite toute ma famille. Et celle-là, c'est le magasin où ils travaillent.

Madeleine : Et c'est qui, cette belle fille à côté de tes parents ?

Kento : C'est ma petite sœur. Elle vend les gâteaux qu'ils font.

Madeleine : Ah bon !

À VOUS

■ Dialogue をペアで暗唱しましょう.

(101) **Grammaire 1**　　**関係代名詞**

　英語との対比で理解すると分かりやすいでしょう．ただし，フランス語の関係代名詞は，英語と違って，先行詞が人か物かで区別をつけません．

❶ **que**　　英 whom, which, that

　　la jeune fille **que** j'ai vue　私が見た娘　　le film **qu'**il a vu　彼が見た映画

・que は，先行詞が関係節の動詞の直接目的語の場合に用いられます．

・関係節において複合過去および大過去が使われている場合，過去分詞は avoir の前に置かれた直接目的語の性数に一致させます．

・que の次に母音または無音の h で始まる主語がくる場合，エリジオンして qu' となります．

❷ **qui**　　英 who, which, that

　　la jeune fille **qui** est là　あそこにいる娘　　le film **qui** passe à la télé　テレビで放映されている映画

・qui は，先行詞が関係節の主語である場合に用いられます．エリジオンはしません（qu' とならない）ので注意しましょう．

❸ **où**　　英 where, when

　　le restaurant **où** on va ce soir　今晩行く予定のレストラン

　　le jour **où** on s'est rencontrés　私たちが出会った日

・où は，先行詞が場所，時を表す場合に用いられます．

❹ **dont**　　英 of whom, of which

　　la jeune fille **dont** le père est français　父親がフランス人の娘

　　le livre **dont** on parle beaucoup　話題の本

・dont は，先行詞と関係節が前置詞 de で結ばれている場合に用いられます．

Grammaire 2　　**疑問代名詞　qui**

「誰？」をたずねる疑問代名詞 qui は主語，直接目的語，属詞として用いられます．

❶「誰が？」：主語を問う　　　　**Qui est-ce qui** habite ici ?　　**Qui** habite ici ?
　　　　　　　　　　　　　　　　誰がここに住んでいるの（ですか）？

❷「誰を？」：直接目的語を問う　**Qui est-ce que** vous cherchez ?　　**Qui** cherchez-vous ?
　　　　　　　　　　　　　　　　Vous cherchez **qui** ?
　　　　　　　　　　　　　　　　あなたは誰を探しているの（ですか）？

❸「誰？」　　：属詞を問う　　　**Qui** est-ce ? C'est **qui** ? これは誰（ですか）？

Grammaire 3　　**指示代名詞　celui**

　Leçon 4 では，漠然と何かを指し示す指示代名詞 ce (c'est) を学びましたが，ここでは，前に出てきている人や物を代名詞として言い換える指示代名詞 celui を学びます．« celui de ＋名詞 » « celui ＋関係代名詞 » といった語法，または，-ci, -là を伴って用いられます．ce には性数の区別はありませんでした

が，celui は，前に出てきた名詞の性数に合わせて 4 つの形に変わります.

	男性	女性
単数	celui	celle
複数	ceux	celles

« ce » に人称代名詞の強勢形 « lui », « elle », « eux », « elles »（順に 3 人称単数男性，女性，複数男性，女性）をつけた形です.

二つのものを列挙する場合，「こちら」には -ci,「あちら」には -là をつけます.

Voilà deux grands journalistes, celui-ci est intelligent et celui-là est courageux.
ここに二人の偉大なジャーナリストがいる. この者は賢く，あの者は勇気がある.

Vocabulaire et Expressions　quel を使った感嘆の表現

「疑問形容詞 Quel ＋（形容詞）＋名詞！」で感嘆文になります. Quel は次にくる名詞に応じて性数の変化をします.

Quel beau temps ! なんて良い天気！　　Quels beaux enfants ! なんて可愛い子供達でしょう！
Quelle chaleur ! なんて暑さだ！　　Quelles jolies fleurs ! なんてきれいな花々でしょう！

場合に応じて，「なんて（すばらしい）〜だろう！」という良い意味の感嘆表現にもなれば，「なんて（ひどい）〜なんだ！」という皮肉な表現にもなります.

Activité

下線部にふさわしいと思うものをリストから選んで，隣の人と会話してみましょう.

A: C'est qui ?
B: C'est _____ que j'aime beaucoup.

A: C'est quoi ?
B: C'est _____ que je veux acheter.

A: C'est où ?
B: C'est _____ où je veux habiter.

A: C'est quoi ?
B: C'est _____ dont on parle beaucoup.

le smartphone / le téléviseur / l'ordinateur / le pays / la ville / le quartier
le livre / la boutique / l'acteur / l'actrice / le chanteur / la chanteuse

Civilisation 17 L'architecture

　どこの国もそうだと思うけど，フランスも地方ごとに独自の文化があって，それぞれまったく異なる特色をもっているわ．特に，建築様式は，地方によって全然違う．特徴的な地方の建物をご紹介するわね．

Normandie
ノルマンディー・北西部

♣ Honfleur ♣ Deauville

Alsace
アルザス・北東部

♣ Colmar

♣ Strasbourg

Bourgogne
ブルゴーニュ・中東部

♣ Dijon

♣ Beaune

Occitanie
オクシタニー・南西部

♣ Toulouse

Provence
プロヴァンス・南東部

♣ Menton ♣ Nice

ケントの話がマドレーヌに通じない様子.
流暢にフランス語を話すケントですが,
時折間違えることもあるようです.
フランス語は難しい！

(103) *Dialogue*

Kento : Tiens, j'ai vu Olivier rentrant à la Poivrière.

Madeleine : « Olivier rentrant à la Poivrière » ??? Qu'est-ce que tu veux dire ?

Kento : Zut ! Je me suis trompé. Je voulais dire « J'ai vu Olivier quand je rentrais à la Poivrière ».

Madeleine : Ah ! Je vois. Alors dans ce cas-là, tu peux dire « J'ai vu Olivier en rentrant à la Poivrière ».

Kento : Que c'est difficile, le français…

À VOUS

■ Dialogue をペアで暗唱しましょう.

Leçon 18

Grammaire 1 — 現在分詞

分詞には，過去分詞と現在分詞があります．過去分詞は複合過去を学ぶ際に学習しましたね．これに対し，現在分詞は動詞からつくられる形容詞で，動詞と形容詞の働きを合わせもっています．過去分詞が性数一致をするのに対し，現在分詞は無変化です．直説法現在の nous の語幹に ant をつけた形です．

例外：avoir → ayant　　être → étant

❶ 形容詞的用法

現在分詞がその前の名詞を修飾する働きをもち，一般的に書き言葉として用いられます．

主格を導く関係代名詞 qui を用いて書き換えることができます．

Il y a beaucoup d'étudiants apprenant le japonais en France.
フランスには日本語を学んでいる学生が大勢いる．
= Il y a beaucoup d'étudiants *qui apprennent* le japonais en France.

❷ 副詞的用法（分詞構文）

原因，理由，条件，譲歩などを意味する文語的表現です．口語では，接続詞等をつけて表現します．

Étant malade, j'ai dormi toute la journée.　病気だったので，私は一日中眠った．
= *Comme j'étais* malade, j'ai dormi toute la journée.

Grammaire 2 — ジェロンディフ

現在分詞の前に en をつけるとジェロンディフという用法になり，「～しながら」や「～する一方」といった同時性，原因，対立，などを表す口語的表現になります．現在分詞と違って，主節の主語とジェロンディフの意味上の主語は同一です．

> **en** ＋ 現在分詞

Arrête de manger en marchant !　歩きながら食べるのはやめなさい！
Tu peux passer à la poste en rentrant ?　帰りがけにポストに寄ってもらえる？
Tout en étant fatigué, il travaille.　疲れているのに，彼は勉強する．
✈ 対立を表すときには tout をつけて強調します．

(104) Grammaire 3 — 動詞 pouvoir

後ろに不定詞を付けて，「～することができる」「～してもよい」「～かもしれない」「（疑問文で）～してくれますか？」などの意味を表します．

pouvoir（～できる） 過去分詞 pu	
je peux	nous pouvons
tu peux	vous pouvez
il peut	ils peuvent

Ça va, je peux y* aller tout seul.
大丈夫，一人で行けます． ＊ cf. p.112

Tu peux utiliser ma voiture.
私の車を使ってもいいよ．

Tu peux me donner un coup de main ?
ちょっと手を貸してくれない？

Ça peut arriver.
ありえるかもしれない．

Vocabulaire et Expressions 1　voir を使った表現

「見る」「会う」という意味以外にもさまざまな慣用表現として用いられます．

Tu vois ? Vous voyez ?　分かるでしょう？

Je vois. なるほど．　　On verra. どうなることやら．今に分かるさ．

Ça se voit. 一目瞭然だ．

Vocabulaire et Expressions 2　que を使った感嘆の表現

Que ~ ! Qu'est-ce que ~ ! どちらもうしろに主語＋動詞をもってきて，「なんて～なんだ！」という感嘆表現をつくることができます．

Que (Qu'est-ce que) tu es gentil !　君はなんて優しいの！

Que (Qu'est-ce que) c'est mignon !　なんてかわいいの！

Qu' (Qu'est-ce qu') il fait beau !　なんて良いお天気でしょう！

Vocabulaire et Expressions 3　フランス語学習のための便利な表現

Qu'est-ce que ça veut dire ?　どういう意味ですか？

Comment dit-on ~ en français ?　～はフランス語で何と言いますか？

Comment ça s'écrit ?　それはどのように書きますか？

Comment ça se prononce ?　どのように発音しますか？

Activité

Vocabulaire et Expressions 3 の表現を用いて，隣の人と会話してみましょう．自分の知りたい単語を相手に聞き，聞かれた方は辞書で調べて教えてあげましょう．

例）

A: Comment dit-on「魚」en français ?

B: Poisson.

A: Comment ça s'écrit ?

B: « p.o.i.s.s.o.n »　（ノートに書いて見せましょう）

Civilisation ⑱ La langue française

　　フランス語は，ラテン語が地方ごとに俗化してできたロマンス諸語のうちの一つ．地方によっ て，フランス語，イタリア語，スペイン語，ルーマニア語などに分かれていったの．17世紀か ら19世紀にかけて欧州屈指の大国となったフランスの言語は，ロシアやドイツ，スカンジナ ビア諸国の宮廷でも，公用語ないし主要言語として用いられるほど重んじられていたのよ．フ ランス語が覇権を握っていた時代は長く，第一次世界大戦直後まで植民地を拡大し続けたこと で，今でも世界中にフランス語を公用語・準公用語にしている国は多いわ．こうした国や地域 は francophonie（フランス語圏）と呼ばれているの．

 Congo

 Madagascar

　　今では，国際語第一位の座はすっかり英語に奪われて「フランス語は英語に似てるね．」なんて言われちゃ うけど，それは逆よ．1066年ノルマンディー公ウィリアムがイングランドを征服して王となり，ノルマ ン朝を創始した事件「ノルマンコンクウェスト」を境に，イギリスの支配階級では，フランス語が使われ るようになったの．これによって，ゲルマン系統の言語だった英語に，ラテン語系統のフランス語が多く 流入したのよ．例えば，英語で「生きている牛」は cow, bull などと呼ばれるけれど，それが「牛肉」に なると beef と呼ばれるわね．これは，牛を育てる農民の用いる言葉（英語）が cow, bull であり，それを 食する貴族たちの言葉（フランス語）が beef（現代フランス語では bœuf）だったことによるの．その後，百 年戦争時（1337～1453年）に，フランスに敵対意識を持ったイングランドは，公用語をフランス語から 英語に改めたの．その後，発音の変化などを経て，現在の英語に通じる言語体系へ向かっていったのよ． だから，現在の英語には，フランス語の語彙が多く含まれているの．

　　つまり，ヨーロッパの言語は互いに影響し合って，それぞれの文化の中でそれぞれの発展を遂げていっ たということよね．

 Québec Canada

 Suisse

マドレーヌは言外に何を言いたいのでしょうか.
鈍感なケントには通じないようです.

(106) *Dialogue*

Madeleine : Si j'avais de l'argent, j'irais au Japon.

Kento : Tu n'aurais pas besoin d'argent, si tu venais avec moi.

Madeleine : C'est gentil de me dire ça, mais ...

Kento : Et si tu m'accompagnes, je te
présenterai à ma famille.

À VOUS

Dialogue をペアで暗唱しましょう.

※ Exercices は p.109

Grammaire 1   条件法

今まで学習してきたのは，すべて「直説法」でした．ここで始めて「法」つまり「モード」が変わります．「条件法」とは英語の「仮定法」のことです．現在形と過去形のふたつの時制があります．

(107)

	従属節	主節
条件法現在 (現在の事実に反する仮定をする)	**Si** + 直説法半過去 , Si j'avais de l'argent, もしお金があれば	条件法現在形 j'irais au Japon. 日本に行くのに
条件法過去 (過去の事実に反する仮定をする)	**Si** + 直説法大過去 , Si j'avais eu de l'argent, もしお金があったら	条件法過去形 je serais allé(e) au Japon. 日本に行ったのに

条件法にはまた，語調緩和という大切な用法もあります．

Je voudrais ~ ：「～が欲しいのですが，～したいのですが」

Je voudrais ce sac. このバッグが欲しいのですが．

Je voudrais partir en vacances ! バカンスに行きたいなあ！

Pourriez-vous ~ ? 「～していただけますか？」

Pourriez-vous m'indiquer le chemin ? 道を教えていただけますか？

vouloir（条件法現在）

je	voudrais	nous	voudrions
tu	voudrais	vous	voudriez
il	voudrait	ils	voudraient

条件法現在は「単純未来の語幹＋半過去の語尾」でつくります．

Si j'étais riche, j'achèterais une voiture. お金持ちだったら車を買うのになあ．

S'il faisait beau ce week-end, j'irais faire du ski.

今週末もし晴れたら，スキーに行くんだけどなあ．（晴れないだろうという予想）

(108)

vouloir（条件法過去）

j'aurais	voulu	nous	aurions	voulu
tu	aurais	voulu	vous	auriez	voulu
il	aurait	voulu	ils	auraient	voulu

条件法過去は「avoir または être の条件法現在＋過去分詞」でつくります．

Si j'avais été riche, j'aurais acheté une voiture. もし私がお金持ちだったら車を買っていただろうに．

S'il avait été plus gentil, elle ne serait pas partie.

彼がもっと優しくしていたら，彼女は出ていかなかったでしょうに．

◆ **avoir besoin de ~**「～が必要である」

J'ai besoin d'un dictionnaire.　　　辞書が必要だ.

Tu n'as pas besoin de t'inquiéter.　心配することないよ.

◆ **avoir envie de ~**「～がほしい.　～したい」

J'ai envie d'une nouvelle voiture.　新しい車がほしい.

Je n'ai pas envie d'y aller.　　　　私はそこには行きたくない.

◆ **avoir mal à ~**「～が痛い」

Où avez-vous mal ?　　　　どこが痛いのですか?

– J'ai mal au ventre.　　　おなかが痛い.

J'ai mal au cœur.　　　　気持ちが悪い.　吐き気がする.

J'ai mal aux dents.　　　歯が痛い.

J'ai mal à la tête.　　　　頭が痛い.

J'ai mal à l'estomac.　　胃が痛い.

このほかにも avoir を使った慣用表現はまだまだあります.

J'en ai assez.　うんざりしている.　　　J'en ai marre !　もううんざり！（口語）

J'ai honte.　　　恥ずかしい.

Activité

下線部 (a)(b) の単語を下のリストから選んで置き換え，店でのやり取りをしてみましょう.

A（店員）:　Je peux vous aider ?

B（客）　:　Oui, je cherche une robe de soirée. (a)

A（店員）:　Vous avez celle-là (celui-là) par exemple, qu'en pensez-vous ?

B（客）　:　Elle n'est pas mal (Il n'est pas mal). Et je voudrais aussi un foulard. (b)

(a)	(b)
un pull（セーター）	un sac（バッグ）
une chemise（シャツ）	des chaussures（靴）
une jupe（スカート）	une cravate（ネクタイ）
un pantalon（ズボン）	un chapeau（帽子）

Civilisation ⑲ Le patrimoine mondial de l'UNESCO en France (1)

　　日本に行ってみたいけれど，どこに行くのがおすすめかしら．ユネスコの世界遺産として登録されている日本の名所は，どこも風光明媚で興味深いわね．フランスの世界遺産もそれぞれユニークだから，是非訪れてみて！2019年現在，フランスの世界遺産は，文化遺産が39件，自然遺産が5件，複合遺産は1件で，合計45件．登録数としては，イタリア，中国（同列1位），スペイン，ドイツに次いで5番目ですって．そのうちの一部をご紹介するわね．

文化遺産

❇ **モン・サン・ミシェルとその湾**（1979年）

フランス西海岸，サン・マロ湾上に浮かぶ小島，及びその上にそびえる修道院．（同じく世界遺産に登録されている厳島神社を有する広島県廿日市市とは観光友好提携都市．）

❇ **ヴェルサイユの宮殿と庭園**（1979年）

1682年にフランス王ルイ14世が建てたフランスの宮殿（建設当初は離宮）．パリの南西22キロに位置する，イヴリーヌ県ヴェルサイユにある．バロック建築の代表作で，豪華な建物と広大な美しい庭園で有名．

❇ **パリのセーヌ河岸**（1991年）

セーヌ川の川岸のうち，シュリー橋からイエナ橋までのおよそ8kmが登録対象．シテ島とサン・ルイ島を含むパリの中心部．

❇ **アルビの司教都市**（2010年）

タルヌ県の都市アルビに残る中世の建造物群．現在ではロートレック記念美術館となっているベルビ宮殿や，中世のゴシック様式の傑作のひとつであるサント＝セシル大聖堂のほか，バラ色のレンガで作られた家々が，タルヌ川右岸の壮麗な歴史的都市景観を生み出している．

❇ **歴史的城塞都市カルカソンヌ**（1997年）

スペインとの国境に近いフランス南西部に位置する古代ローマの城塞都市．古い石畳の道に53もの塔が聳える「ラ・シテ」と呼ばれる城壁内には，コンタル城（歴代領主の城館）やサン・ナゼール聖堂が残る．

LEÇON 20

二人の恋の行方は…？

(111) *Dialogue*

Kento :　Tout le monde t'attend avec impatience chez moi. Ils veulent que je leur présente enfin ma fiancée.

Madeleine :　Ta fiancée ? Tu ne m'avais rien dit !

Kento :　Mais on s'aime depuis le premier jour. On n'avait pas besoin d'en parler.

Madeleine :　Mais si ! Tu aurais dû m'en parler.

Kento :　Bon... Je t'aime Madeleine ! Veux-tu m'épouser ?

Madeleine :　Euh, il faut que je réfléchisse ... Mais non, je plaisante ! C'est oui ! Et avec plaisir !

À VOUS

Dialogue をペアで暗唱しましょう。（前半と後半に分けて暗唱しましょう。）

(112) **Grammaire 1**　　接続法現在

　接続法は，que で導かれた従属節の中で用いられる話法です．主節の表現によって，接続法を使うか否かが決まります．

　主節の中に，願望，疑惑などの主観的判断を表す表現があるとき，それに続く従属節で接続法が用いられます．接続法を導く主節は決まっているので，構文として覚えてしまいましょう．

être（接続法現在）

je	sois	nous	soyons
tu	sois	vous	soyez
il	soit	ils	soient

parler（接続法現在）

je	parle	nous	parlions
tu	parles	vous	parliez
il	parle	ils	parlent

　語尾は être と avoir を除くすべての動詞に共通で，原則的に直説法現在と半過去を組み合わせたかたちです．語幹は不規則に変化する動詞が多いので注意しましょう．

Il faut que j'y **aille**. もう行かなくてはいけません．

Je veux que tu **viennes** avec moi. 私と一緒に来てほしい．

Je ne crois pas qu'il **soit** malade. 彼が病気だとは思わない．

Grammaire 2　　中性代名詞 en（2）

　de をともなって用いられる動詞の間接目的語（de ~ の部分）は，中性代名詞 en に代わります．一般的に物を指す場合に限られ，人を指す場合は，de + 人称代名詞強勢形を使います．

N'**en** parlons plus. 　もうその話はやめよう．〔parler de ~〕

Qu'**en** pensez-vous ? そのことについてどう思われますか？〔penser de ~〕

(113) **Grammaire 3**　　動詞　dire

dire（言う）（直説法現在）　過去分詞 dit

je	dis	nous	disons
tu	dis	vous	dites
il	dit	ils	disent

Dis-moi ce que tu en penses. そのことについて君の考えていることを聞かせて．

Je vais te **dire** la vérité. 君に本当のことを言おう． 　Tu m'**as dit** oui. いいって言ったよね．

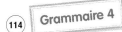

Grammaire 4　動詞 devoir

(114)

後ろに不定詞をつけて，「〜しなければならない」「〜すべきだ」「〜にちがいない」などの意味を表します.

devoir (〜しなければならない)　(直説法現在)　過去分詞 dû	
je　dois	nous　devons
tu　dois	vous　devez
il　doit	ils　　doivent

Tu **dois** te dépêcher.　急がなければならない.

J'**aurais dû** te prévenir.　先に知らせておくべきだったね.

Vous **devez** être fatigué.　あなたは疲れているにちがいない.（お疲れになったでしょう.）

✈ 名詞 devoir (m.) は，「義務」という意味.「宿題」は複数形で devoirs と言います.

(115) Vocabulaire et Expressions　avec を使った表現

avec のあとに無冠詞の抽象名詞をつけてさまざまな慣用表現をつくります.

J'attends de vous voir avec impatience.　あなたに会うのが待ち遠しい.

J'accepte votre invitation avec plaisir.　あなたのご招待を喜んでお受けします.

Il lit ce livre avec intérêt.　彼はその本を興味深く読んでいる.

Elle a réussi avec peine.　彼女は苦労して成功した.

Tu dois agir avec prudence.　君は注意深く行動しなければならない.

Activité

[　　] から自分の好みのものを選んで隣の人と会話してみましょう.

A: Qu'est-ce que tu veux faire ce week-end ?

B: Euh… je veux bien qu'on aille [au jardin botanique / à l'aquarium / à la campagne].

A: Si tu veux, on va [au théâtre / à l'Opéra / à la Comédie-Française] ? J'ai deux billets.

B: Quoi !? Tu aurais dû me prévenir. Il faut que je trouve [une robe / un costume] !

89　　　　　　　　　　　　　　　　　　　Leçon 20 ♠

Civilisation ⑳ Le patrimoine mondial de l'UNESCO en France (2)

フランスには，本土以外に，独自の自治権を有する海外県や海外領があるの．これまでフランスの自然遺産として登録された5つのうち4つは，それらの領土の豊かな自然が評価されたものよ．

自然遺産

◆ レユニオン島の尖峰群，圏谷群および絶壁群（2010年）

フランスの海外県レユニオン島．独特の地形が織り成す自然美と，特筆すべき植生の多様性．

◆ ピアナのカランケ，ジロラータ湾，スカンドーラ自然保護区を含むポルト湾（1983年）

ナポレオンの生地として有名なフランス領コルシカ島のアジャクシオ．そのアジャクシオの北側にあるポルト湾，スカンドーラ半島の自然と，ピアナの町にある奇岩群．

◆ ニューカレドニアのラグーン：サンゴ礁の多様性と関連する生態系（2008年）

フランスの海外領土ニューカレドニア．250種の珊瑚と1600種の魚類や絶滅危惧種が生息する独特の生態系が維持されている貴重で美しい自然．

◆ ピュイ山地とリマーニュ断層の地殻変動地域（2018年）

フランス本土中央部，オーヴェルニュ・ローヌアルプ地方に位置するピュイ山脈とリマーニュ断層の地殻変動地域．ピュイ山脈の火山列，それに並行して走るリマーニュ断層，逆転地形であるセール山に見られる地球の歴史．

◆ フランス領南方地域の陸と海（2019年）

フランスの海外領地の一つ．インド洋南部に位置するアムステルダム島とサンポール島，南極大陸のアデリーランドと，同大陸に近いクローゼー諸島，ケルゲレン諸島，2005年1月3日に編入されたフランス領インド洋無人島群．無人，あるいは研究機関・軍関係者しか住んでいない地域の手つかずの自然．

私の文化紹介コーナーもこれでおしまい．
皆さんがフランスに来てくれるのを待っているわ．Merci. Au revoir !

Exercice   Leçon 0

003 1. 聞き取り：聞こえたアルファベを書き取りましょう.

Exercices   Leçon 1

1. 次の日本語をフランス語にしましょう.

　　1. おはよう. こんにちは. _____

　　2. こんばんは. _____

　　3. さようなら. _____

　　4. 良い一日を. _____

　　5. どうもありがとう. _____

015 2. 聞き取り：読まれた順に番号をふりましょう.

　　(　　　) Bonjour.

　　(　　　) Comment allez-vous ?

　　(　　　) Tu vas bien ?

　　(　　　) Ça va ?

　　(　　　) Salut.

016 3. 聞き取り：丁寧な言い方とカジュアルな言い方を読みます. 丁寧な方に〇をつけましょう.

　　1. Et toi ?　　　　　　　(　　) 　　Et vous ?　　　　　　(　　)
　　2. Salut.　　　　　　　　(　　) 　　Bonjour.　　　　　　(　　)
　　3. Au revoir.　　　　　　(　　) 　　Au revoir, Madame.　(　　)
　　4. Tu vas bien ?　　　　(　　) 　　Vous allez bien ?　　(　　)
　　5. Comment allez-vous ? (　　) 　　Ça va ?　　　　　　　(　　)

017 4. 聞き取り：出会ったときと別れるときの挨拶を読みます. 出会ったときの挨拶に〇をつけましょう.

　　1. À bientôt.　　　　　　(　　) 　　Salut. Ça va ?　　　(　　)
　　2. Bonne journée.　　　(　　) 　　Bonjour.　　　　　　(　　)
　　3. Comment allez-vous ? (　　) 　　Bon week-end.　　　(　　)
　　4. Bonne soirée.　　　　(　　) 　　Vous allez bien ?　　(　　)
　　5. Au revoir.　　　　　　(　　) 　　Ça va ?　　　　　　　(　　)

1. 次の名詞の性を辞書で調べて（　　）に適切な不定冠詞を，〔　　〕に複数形を，［　　］に意味を書き入れましょう.

例）（　un　）sac　〔　des sacs　〕　　［　バッグ　］

1. （　　　　　）stylo　〔　　　　　　　　　　　〕　［　　　　　　］
2. （　　　　　）robe　〔　　　　　　　　　　　〕　［　　　　　　］
3. （　　　　　）cahier　〔　　　　　　　　　　　〕　［　　　　　　］
4. （　　　　　）fleur　〔　　　　　　　　　　　〕　［　　　　　　］
5. （　　　　　）arbre　〔　　　　　　　　　　　〕　［　　　　　　］

2. 適切な不定冠詞を（　　）に書き入れましょう.

1. （　　　　　）garçon
2. （　　　　　）fille
3. （　　　　　）stylos
4. （　　　　　）tables
5. （　　　　　）arbre
6. （　　　　　）fleur
7. （　　　　　）cahier
8. （　　　　　）stylo
9. （　　　　　）robes
10. （　　　　　）arbres

022 **3.** 聞き取り：数詞を聞き取って書きましょう.

a. （　　　　　　　　）
b. （　　　　　　　　）
c. （　　　　　　　　）
d. （　　　　　　　　）
e. （　　　　　　　　）
f. （　　　　　　　　）
g. （　　　　　　　　）
h. （　　　　　　　　）
i. （　　　　　　　　）
j. （　　　　　　　　）

1. 動詞 être の活用形を書き入れましょう.

1. je (　　　　) 　　2. tu (　　　　) 　　3. il (　　　　) 　　4. elle (　　　　)
5. nous (　　　　) 　6. vous (　　　　) 　7. ils (　　　　) 　8. on (　　　　)

2. 次の形容詞を女性形と複数形にしましょう.

【原則】女性形：語尾に e / 複数形：語尾に s / 女性複数形：語尾に es をつけます.

1. 大きい　grand　　女 (　　　　) 　男・複 (　　　　) 　女・複 (　　　　)
2. 小さい　petit　　女 (　　　　) 　男・複 (　　　　) 　女・複 (　　　　)
3. 素敵な　joli　　女 (　　　　) 　男・複 (　　　　) 　女・複 (　　　　)

【例外】語末が e で終わっているもの　→　女性形：そのまま / 複数形・女性複数形：語尾に s をつけます.

1. 簡単な　facile　　女 (　　　　) 　男・複 (　　　　) 　女・複 (　　　　)
2. 赤い　　rouge　　女 (　　　　) 　男・複 (　　　　) 　女・複 (　　　　)
3. 若い　　jeune　　女 (　　　　) 　男・複 (　　　　) 　女・複 (　　　　)

3. 例外的なケースを書いて覚えましょう.

1. 美しい　　　beau　　　女 (　　　　) 　男・複 (　　　　) 　女・複 (　　　　)
2. 良い, おいしい　bon　　　女 (　　　　) 　男・複 (　　　　) 　女・複 (　　　　)
3. 活動的な　　actif　　　女 (　　　　) 　男・複 (　　　　) 　女・複 (　　　　)
4. かわいい　　mignon　　女 (　　　　) 　男・複 (　　　　) 　女・複 (　　　　)
5. 幸せな　　heureux　　女 (　　　　) 　男・複 (　　　　) 　女・複 (　　　　)

4. 次の日本語をフランス語にしましょう.

1. 私たちは学生（男）です. _____
2. 彼女は, 背が高くて, 美人で, 優しい. _____
3. 君たち（男）は賢い. _____

026 **5.** 聞き取り：聞こえた音を書き取りましょう.

1. (　　　　　　　　　　　　　　)
2. (　　　　　　　　　　　　　　)
3. (　　　　　　　　　　　　　　)

1. （　　）に適切な形容詞を入れましょう.

   1. un film (　　　　　　　　)　　有名な映画

   2. un (　　　　　　　　) film　　古い映画

   3. une fleur (　　　　　　　)　　赤い花

   4. une (　　　　　　　　) fleur　　きれいな花

2. （　　）に適切な形容詞を入れましょう.

   1. un garçon (　　　　　　　　)　　フランス人の少年

   2. une fille (　　　　　　　)　　フランス人の少女

   3. un (　　　　　　　) garçon　　美しい（かっこいい）少年

   4. une (　　　　　　　) fille　　美しい少女

3. 次の文章の film(m.) を photo(f.) に変えると下線部はどのように変わるでしょうか. 適切な形を書き入れましょう.

Oui, c'est <u>un</u> <u>vieux</u> film en noir et blanc, mais c'est <u>un</u> très <u>beau</u> film !

   → Oui, c'est (　　　　　　　　　　) (　　　　　　　　　　) photo en noir et blanc, mais c'est (　　　　　　　　) très (　　　　　　　　) photo !

4. 次の日本語をフランス語にしましょう.

   1. これは誰ですか？ _____

   2. これは日本人の女優です. _____

   3. これは何？ _____

   4. それは, （1本の）黒いペンです. _____

   5. それは, （複数の）緑色のドレスです. _____

(031) 5. 聞き取り：聞こえた音を書き取りましょう.

   1. (　　　　　　　　　　　　　　　　　　　)

   2. (　　　　　　　　　　　　　　　　　　　)

   3. (　　　　　　　　　　　　　　　　　　　)

1. avoir の活用形を書き入れましょう.

1. j'(　　　　　)　　2. tu (　　　　　)　　3. il (　　　　　)　　4. elle (　　　　　)

5. nous (　　　　　)　　6. vous (　　　　　)　7. on (　　　　　)　　8. elles (　　　　　)

2. 次の文章を疑問形にしましょう.

Tu as des frères et sœurs.

1. イントネーション _____

2. Est-ce que　　_____

3. 倒置　　　　　_____

3. 次の文章を否定形にしましょう.

1. Vous êtes petit.　→ _____

2. Nous sommes chinois.　→ _____

3. J'ai un frère.　→ _____

4. Elle a un stylo.　→ _____

5. Ils ont des sœurs.　→ _____

4. 次の日本語をフランス語にしましょう.（疑問文はイントネーションをあげる言い方で書いてみましょう.）

1. 彼女には 4 人姉がいます. _____

2. あなたは辞書を（1 冊）もっていますか？ _____

3. 君はラッキーだね. _____

(036) 5. 聞き取り：次の質問の答えとして，正しい方はどちらですか？　正しい方に丸をつけましょう.

1.
① Oui, je n'ai pas de dictionnaire.
② Oui, j'ai un dictionnaire.

2.
① Non, ce n'est pas de cahier.
② Non, ce n'est pas un cahier.

3.
① Non, je ne suis pas français.
② Oui, je suis espagnole.

4.
① Oui, c'est un ordinateur.
② Non, il n'a pas d'ordinateur.

1. 第一群規則動詞（-er 動詞）：[　　]の動詞の活用形を（　　）に書き入れましょう.

　1. J'(　　　　　　　) la radio.　　　　　　　　　[écouter]
　2. Tu (　　　　　　　) à Tours ?　　　　　　　　[habiter]
　3. On (　　　　　　　) beaucoup en ville.　　　　[marcher]
　4. Madeleine (　　　　　　　) bien le japonais.　[parler]
　5. Il (　　　　　　　) souvent.　　　　　　　　　[voyager]

2. 第二群規則動詞（-ir 動詞）：[　　]の動詞の活用形を（　　）に書き入れましょう.

　1. Vous (　　　　　　　) un bon dictionnaire.　[choisir]
　2. Tu (　　　　　　　) le travail ?　　　　　　[finir]
　3. Je (　　　　　　　) bien.　　　　　　　　　　[réfléchir]
　4. Il (　　　　　　　) un examen.　　　　　　　[réussir]
　5. On (　　　　　　　) à la loi.　　　　　　　　[obéir]

3. （　　）に適切な定冠詞を入れましょう.

　1. (　　　　) film célèbre　その有名な映画　　　2. (　　　　) fleurs bleues　その青い花々
　3. (　　　　) Seine　セーヌ河　　　　　　　　　4. (　　　　) Europe　ヨーロッパ
　5. (　　　　) Angleterre　イギリス　　　　　　6. (　　　　) Espagnols　スペイン人

4. 次の日本語をフランス語にしましょう.

　1. それはオリヴィエの兄です. _____

　2. 彼女は動物が好きです. _____

　3. 彼らはフランス映画が好きです. _____

(041) 5. 聞き取り：次の質問の答えとして，正しい方はどちらですか？　正しい方に丸をつけましょう.

　1.
　　① Oui, je suis français.
　　② Si, je suis français.

　2.
　　① Moi aussi, j'aime bien la cuisine italienne.
　　② Moi non plus, j'aime bien la cuisine italienne.

　3.
　　① Moi non plus, j'aime beaucoup les chats.
　　② Moi non plus, je n'aime pas beaucoup les chats.

1. ( ) に適切な指示形容詞を入れましょう.

1. ( ) film français　　　このフランス映画
2. ( ) fleur blanche　　　この白い花
3. ( ) arbre gigantesque　　この巨大な木
4. ( ) garçons japonais　　この日本人の少年たち
5. ( ) filles anglaises　　このイギリス人の少女たち
6. ( ) homme italien　　　このイタリア人男性

2. ( ) に aller の活用形を, 〔 〕に à と定冠詞（必要があれば縮約）を書き入れましょう.

1. Il ( ) 〔) gare (f.).
2. Elles ( ) 〔) musée (m.).
3. Tu ( ) 〔) hôpital (m.).
4. Nous ( ) 〔) Champs-Élysées (m.).
5. Je ( ) 〔) école (f.).

3. 〔 〕の動詞の活用形を ( ) に書き入れましょう.

1. On ( ) chez Jean-Paul.　　　　　　　　　[aller]
2. Tu ( ) voir Emma ?　　　　　　　　　　　[aller]
3. Je ( ) un café au lait.　　　　　　　　　　[prendre]
4. Elle ( ) le français.　　　　　　　　　　　[apprendre]
5. Il ne ( ) pas bien.　　　　　　　　　　　[comprendre]
6. On ( ) ce soir ?　　　　　　　　　　　　[sortir]
7. Vous ( ) pour la Nouvelle-Calédonie ce matin ?　[partir]
8. On ( ) la tour Eiffel d'ici.　　　　　　　　[voir]
9. Je ( ) revoir ce film.　　　　　　　　　　[aller]
10. Nous ( ) sortir ensemble.　　　　　　　　[aller]

4. 次の日本語をフランス語にしましょう.（近接未来を使った文章にしましょう.）

1. 私は映画館に行くところです. _____
2. これからアンヌに会うの? _____
3. これから出かけるのですか? _____

(048) 5. 聞き取り

1. Je ( ) ( ) cinéma.
2. On ( ) ( ) l'hôpital.
3. Il ( ) ( ) l'hôtel.
4. Vous ( ) un gâteau ( ) chocolat ?
5. Tu ( ) une tarte ( ) pommes ?

1. （　）に venir の活用形を，〔　〕に de と定冠詞（必要があれば縮約）を書き入れましょう.

　　1. On (　　　　　　) 〔　　　　　〕 bureau (m.).

　　2. Je (　　　　　　) 〔　　　　　〕 bibliothèque (f.).

　　3. Ils (　　　　　　) 〔　　　　　〕 Canada (m.).

　　4. Je (　　　　　　) 〔　　　　　〕 hôtel (m.).

　　5. Elle (　　　　　　) 〔　　　　　〕 université (f.).

2. 次の問いの答えとして適切なものをa〜eの中から選んで（　）に入れましょう.

　　1. Qu'est-ce que c'est ?　　　　　　　　　　　　　　　　　　　　　（　　）

　　2. Qu'est-ce que tu fais ?　　　　　　　　　　　　　　　　　　　　（　　）

　　3. Qu'est-ce que vous choisissez comme dessert ?　　　　　　　　（　　）

　　　（comme　〜として／ dessert　デザート）

　　4. Qu'est-ce que tu aimes comme sport ?　　　　　　　　　　　　（　　）

　　5. Qu'est-ce que vous allez faire cet après-midi ?　　　　　　　　（　　）

　　┌───┐
　　│ a. Je prends un éclair au chocolat.　　b. Je fais la cuisine. │
　　│ c. C'est un plat suisse, la Raclette.　　d. Je vais faire des courses. │
　　│ e. J'aime le tennis. │
　　└───┘

3. faire（する）の活用形を書き入れましょう.

　　1. je (　　　　　) 　2. elle (　　　　　) 　3. nous (　　　　　) 　4. on (　　　　　)

　　5. il (　　　　　) 　6. tu (　　　　　) 　7. elles (　　　　　) 　8. vous (　　　　　)

4. 次の日本語をフランス語にしましょう.（近接過去を使った文章にしましょう.）

　　1. 私は（今さっき）フランス人女性に出会いました. ＿＿＿＿＿＿＿＿＿＿＿＿＿＿＿

　　2. あなたは食べたばかりでしょう？ ＿＿＿＿＿＿＿＿＿＿＿＿＿＿＿＿＿＿＿＿＿＿＿

　　3. 彼は出かけたところです. ＿＿＿＿＿＿＿＿＿＿＿＿＿＿＿＿＿＿＿＿＿＿＿＿＿＿

(053) 5. 聞き取り

　　1. Tokyo, c'est la capitale (　　　　　　　　　　) Japon.
　　　東京は日本の首都です.

　　2. Je viens (　　　　　　　　　) Japon.
　　　私は日本から来ました.（私は日本人です.）

　　3. Paris, c'est la capitale (　　　　　　　　　　) France.
　　　パリはフランスの首都です.

　　4. Elle vient (　　　　　　　　) France.
　　　彼女はフランスから来ました.（彼女はフランス人です.）

　　5. Washington, c'est la capitale (　　　　　　　　　) États-Unis.
　　　ワシントンはアメリカ合衆国の首都です.

1. ( ) に直接補語人称代名詞を書き入れましょう.

1. Je ( ) connais.   私は彼女を知っている.
2. Elle ( ) connaît.   彼女は私を知っている.
3. Il ( ) connaît.   彼はあなたを知っている.
4. Nous ( ) attendons.   私たちは彼を待っている.
5. Vous ( ) attendez ?   あなたは私を待っているのですか?

2. ( ) に間接補語人称代名詞を書き入れましょう.

1. Je ( ) téléphone.   私は君に電話する.
2. Elle ( ) téléphone.   彼女は私に電話する.
3. Il ( ) téléphone.   彼はあなたに電話する.
4. On ( ) téléphone.   私たちは彼に電話する.
5. Vous ( ) téléphonez ?   あなたたちは彼らに電話するのですか?

3. ( ) に動詞の命令形を書き入れましょう.

1. ( ) !   見て!
2. ( ) vite !   急いで行って!
3. ( ) !   待って!
4. ( ) !   聞いてください!（聞く：écouter）
5. ( )-moi ce soir.   今晩私に電話してください.

4. 次の日本語をフランス語にしましょう.

1. 私は君を愛しています. _____
2. 僕は君を待たないよ. _____
3. 私を放っておいて! _____

(059) 5. 聞き取り：( ) にあてはまる語を書き入れましょう.

1. Qu'est-ce que vous ( ) conseillez ?
2. Nous ( ) conseillons* le poulet rôti.**
3. ( ) sent bon.
4. Ça ( ) plaît ?
5. Oui, ça ( ) plaît beaucoup.

* conseiller …を勧める
** le poulet rôti ローストチキン

1. ( ) に所有形容詞を書き入れましょう.

   1. Je vous présente (   ) grand frère.   あなたに私の兄を紹介します.

   2. Tu me présentes (   ) petite sœur ?   僕に君の妹を紹介してくれる？

   3. Elle lui présente (   ) cousin.   彼女は彼（彼女）に自分のいとこ (m.) を紹介する.

   4. Voilà (   ) grand-père.   私の祖父です.

   5. Voilà (   ) grand-mère.   私の祖母です.

   6. Voilà (   ) grands-parents.   私の祖父母です.

2. ( ) に所有形容詞を書き入れましょう.（主語を見て，対象物の性数を確認しましょう.）

   1. Il est beau, (   ) pull.   いいね，君のセーター.

   2. Elle est belle, (   ) jupe.   いいね，君のスカート.

   3. Elles sont jolies, (   ) chaussures.   素敵ですね，あなたの靴.

   4. Elle est sympa, (   ) cravate.   いい感じだね，彼のネクタイ.

   5. Il est chic, (   ) ensemble.   おしゃれだね，彼女のスーツ.

3. ( ) に疑問形容詞を書き入れましょう.

   1. (   ) couleur (f.) aimez-vous ?

   2. (   ) livres (m.) aimes-tu ?

   3. (   ) est votre (m.) sport préféré ?

   4. (   ) est ton (m.) gâteau préféré ?

   5. Vous parlez (   ) langues (f.) ?

4. 次の日本語をフランス語にしましょう.

   1. 私の父は 50 歳です. _____

   2. 私の母は 45 歳です. _____

   3. 彼らの息子 (fils) は 19 歳です. _____

(064) 5. 聞き取り：聞こえた数字すべてに〇をつけましょう.

     17   12   21   33   44   58   60   61   73   76   80   85   99   100

1. (   ) に vouloir の活用形を書き入れ，全文を訳しましょう.

  1. Qu'est-ce que vous (   ) boire ? _____
  2. Je (   ) de l'eau. _____
  3. Tu (   ) boire quelque chose ? _____
  4. Il (   ) aller à la piscine. _____
  5. Elles (   ) manger du poisson. _____

2. 二つの冠詞の違いを考えながら，(   ) に定冠詞を，[   ] に部分冠詞を書き入れましょう.

  1. J'aime (   ) viande.   Je mange [   ] viande.
  2. J'adore (   ) pain.   Je mange [   ] pain.
  3. Il aime (   ) musique.   Il écoute [   ] musique.
  4. Elle aime (   ) foot.   Elle fait [   ] foot.

3. (   ) に部分冠詞を [   ] に中性代名詞を書き入れましょう.

  1. Voulez-vous (   ) thé. – Oui, j' [   ] veux bien.
  2. Tu veux manger (   ) soupe ? – Non, je n' [   ] veux pas.
  3. Il a des frères ? – Oui, il [   ] a trois.
  4. (   ) eau, s'il te plaît. – Désolé. Il n'y [   ] a plus.

4. 次の日本語をフランス語にしましょう.

  1. 彼らはオレンジジュースを飲む. _____
  2. ドアを開けて. _____
  3. すごい人出だ！ _____

(071) 5. 聞き取り：部分冠詞（否定の場合は de (d')）か中性代名詞 en かのいずれかを書き入れましょう.

  1. Il y a (   ) vin dans cette bouteille.
  2. Tu veux (   ) eau ?
  3. Oui, j'(   ) veux bien.
  4. Je n'ai pas (   ) argent.*
  5. (   ) vin ? Nous n' (   ) avons plus.

  * argent (m.) お金

1.（　　）に代名動詞を書き入れましょう.

1. Tu (　　　　　　　　　　　　　　) comment ?　　　　　君の名前は何？
2. Je (　　　　　　　　　　　　) Hugo.　　　　　　　僕の名前はユゴーです.
3. Vous (　　　　　　　　　　　　) à quelle heure le matin ?　あなたは朝何時に起きますか？
4. Je (　　　　　　　　　　) vers 10 heures.　　　　私は 10 時頃に寝ます.
5. Tu (　　　　　　　　　) de Léa ?　　　　　　　レアを覚えてる？
6. On (　　　　　　　　　) souvent.　　　　　　　私たちはよく電話し合う.
7. Ce livre (　　　　　　　　　) bien.　　　　　　この本はよく売れている.
8. (　　　　　　　　　　) !　　　　　　　　　　急いで！
9. (　　　　　　　　　　) !　　　　　　　　　　急いでください！
10. (　　　　　　　　　) !　　　　　　　　　　急ぎましょう！

2. 以下の時刻をフランス語にしてみましょう. 3, 4, 5 は 2 種類の言い方で答えましょう.

1. 2 時 10 分 _____
2. 3 時 20 分 _____
3. 4 時 15 分 _____　_____
4. 5 時 30 分 _____　_____
5. 6 時 45 分 _____　_____

(074) **3.** 次の応答として正しい方に○をつけましょう.

1.
A : Il est midi.　　　B : Il est étudiant.

2.
A : Il appelle Paul.　　　B : Il s'appelle Paul.

3.
A : Oui, je vous téléphone souvent.　　　B : Oui, on se téléphone souvent.

4.
A : Oui, le français se parle aussi au Canada.
B : Oui, le français parle aussi au Canada.

5.
A : Je t'appelle ce soir.　　　B : Je m'appelle Marie.

(075) **4.** 聞き取り：聞き取って，以下の問いに答えましょう.

1. 彼は何時に目を覚ましますか？　Il se réveille à (　　　　　　) heures.
2. 彼は何時に朝食を食べますか？　Il prend son petit déjeuner à (　　　　　　) heures.
3. 彼は何時に大学に行きますか？　Il va à la fac à (　　　　　) heures.
4. 彼は何時に誰と昼食を食べますか？
Il déjeune avec (　　　　　　　) à (　　　　　　　　　　　).
5. 彼は何時から何時まで授業に出ていますか？
Il assiste aux cours de (　　　heures　　　　) à (　　　heures　　　　).

1. [　]の動詞を複合過去にして（　）に書き入れましょう．（助動詞 avoir）

   1. On (　　　　　　　　　　) au Karaoké hier soir.　　　　　　[chanter]

   2. Tu (　　　　　　　) Léo à la fac ?　　　　　　　　　　　　[voir]

   3. J'(　　　　　　　　) un diabolo menthe.　　　　　　　　　　[prendre]

   4. Elle (　　　　　　　　) l'anglais à l'université.　　　　　　　[apprendre]

   5. Il (　　　　　　　) du foot avec ses amis.　　　　　　　　　[faire]

   6. Vous (　　　　　　　　) des chocolats aux enfants ?　　　　　[donner]

   7. Nous (　　　　　　　　) heureux.　　　　　　　　　　　　[être]

   8. J'(　　　　　　　　) un bon résultat.　　　　　　　　　　　[avoir]

   9. Ils n'(　　　　　) pas (　　　　　　　) de poisson cru.　　　[manger]

   10. Je n'(　　　　　) pas (　　　　　) ce plat.　　　　　　　　[aimer]

2. [　]の動詞を複合過去にして（　）に書き入れましょう．（助動詞 être）

   1. On (　　　　　　　　　) en Italie l'été dernier.　　　　　　[aller]

   2. Ils (　　　　　　　) te voir ?　　　　　　　　　　　　　　[venir]

   3. Je ne (　　　　　) pas (　　　　　　　　) hier soir.　　　[sortir]

   4. Elle (　　　　　　　) pour Londres avant-hier.　　　　　　[partir]

   5. Nous (　　　　　　　) à deux heures.　　　　　　　　　　[arriver]

   6. Tu (　　　　　　) à quelle heure ce matin ?　　　　　　　[se lever]

   7. Je (　　　　　　) vers 11 heures.　　　　　　　　　　　[se coucher]

   8. Il (　　　　　　) dans la forêt.　　　　　　　　　　　　[se promener]

   9. Vous (　　　　　) ?　　　　　　　　　　　　　　　　　[se reposer]

   10. Elles (　　　　　　　) très tôt hier matin.　　　　　　　　[se réveiller]

3. 次の日本語をフランス語にしましょう．

   1. 私たちは昨晩レストランに行った. _____

   2. 私はカフェで朝食を摂った. _____

   3. 彼は今まで一度も外国（à l'étranger）に行ったことがない.

   _____

081 **4.** 聞き取り：（　）に過去分詞を書き入れましょう.

   1. Il y a (　　　　　　　) un accident.

   2. Tu as (　　　　　　　) tes devoirs ?

   3. J'ai bien (　　　　　　　).

   4. Elle n'est pas (　　　　　　　) hier ?

   5. Ils sont (　　　　　　　) à la campagne dimanche.

1. ［　　　］の動詞を半過去にして（　　）に書き入れましょう.

   1. Il y (　　　　　　　　　　) du monde dans la rue.　　　　[avoir]

   2. Tu (　　　　　　　　) malade ?　　　　　　　　　　　　[être]

   3. J'(　　　　　　　　) souvent chez mes grands-parents.　[aller]

   4. Il (　　　　　　　　) du piano ?　　　　　　　　　　　　[faire]

   5. Nous (　　　　　　　　) heureux.　　　　　　　　　　　[être]

2. （　　）に複合過去を，［　　　］に半過去を書き入れましょう.

   1. Quand elle (　　　　　　　　　　　　), les enfants [　　　　　　　　　　].

   彼女が帰宅した（rentrer à la maison）とき，子供たちは眠っていた.　（dormir）

   2. Quand il (　　　　　　　　　　　), je [　　　　　　　　　　].

   彼が私に会いに来た（venir me voir）とき，私はテレビを観ているところだった.　（regarder la télé）

3. （　　）に複合過去を，［　　　］に大過去を書き入れましょう.（大過去の方には déjà（すでに）をつけましょう.）

   1. Quand elles (　　　　　　　　　　) à la gare, le train [　　　　　　　　　　].

   彼女たちが駅に着いたとき，列車はすでに出発してしまっていた.

   2. Quand ils (　　　　　　　　　　), tu [　　　　　　　　　].

   彼らが君に会いに来たとき，君はすでに出かけてしまっていた.

4. 次の日本語をフランス語にしましょう.

   1. 私たちは小さい頃，よく海に行った（aller souvent à la mer）ものだ.

   _____

   2. 箱（la boîte）の中にチョコレートがある.　_____

   3. 気を付けて！（Attention !）椅子（la chaise）の上に猫がいるよ.

   _____

(084) 5. 聞き取り：（　　）に半過去か大過去を書き入れましょう.

   1. Avant, je ne l'(　　　　　　　　　　) pas.

   2. J'(　　　　　　　　) beaucoup de* devoirs.**

   3. Je me suis promenée sur la plage. C'(　　　　　　　　　　) bien.

   4. Tu (　　　　　　　　　　) cinq ans en France avant de revenir au

   Japon ?

   5. J'(　　　　　　　　　　) le ménage avant de partir.

                     * beaucoup de～　たくさんの～

                      ** devoirs (m.pl.)　宿題

1. ( ) に適切な動詞の活用形を入れましょう.

1. Quel temps ( ) -il aujourd'hui ?　　今日はどんな天気ですか？
2. Il ( ) beau.　　良い天気です.
3. Il ( ).　　雨が降っています.
4. Il ( ).　　雪が降っています.
5. Il ( ) chaud.　　暑いです.

2. 次のフランス語を日本語にしましょう.

1. Il faut prendre un parapluie ? _____
2. Il faut une demi-heure pour y aller. _____
3. Il faut de la patience pour achever ce travail. _____
4. Il me faut du repos. _____
5. Il ne faut pas y aller. _____

3. 次のフランス語を日本語にしましょう.

1. C'est la deuxième fois que je visite le Louvre. _____
2. C'est Claire qu'il aime. _____
3. C'est en Suisse que j'ai passé mes vacances. _____
4. C'est moi qui suis arrivée la première. _____
5. C'est son amie qui veut partir pour la Chine. _____

4. 次の日本語をフランス語にしましょう.

1. それは君にとって重要なことだ. _____
2. 一日中雨が降っている. _____
3. 彼女は毎日料理をする. _____

(091) 5. 聞き取り

1. Le musée du Louvre est dans ( ) arrondisse-ment.
2. La cathédrale Notre-Dame est dans ( ) arron-dissement.
3. Le Panthéon est dans ( ) arrondissement.
4. La tour Eiffel est dans ( ) arrondissement.
5. L'Opéra est dans ( ) arrondissement.

1. [　] の動詞の直説法単純未来形を（　）に書き入れましょう.

1. Je (　　　　　　　　　) médecin un jour.　　　　　　[être]
2. J'(　　　　　　　　　) vingt ans la semaine prochaine.　　[avoir]
3. On (　　　　　　　　　) le Mont-Saint-Michel.　　　　[visiter]
4. Vous (　　　　　　　　) avec nous ce soir ?　　　　　[venir]
5. Il (　　　　　　　　) chez ses parents pour les vacances.　[rester]

2. （　）に適切な語を入れて, 比較級の文章を作りましょう.

1. Jean est (　　　　　) gentil (　　　　　) Paul.　　　ジャンはポールと同じくらい優しい.
2. Sophie est (　　　　) intelligente (　　　) Anne.　　ソフィーはアンヌより賢くない.
3. Je suis (　　　　) petite (　　　　) ma sœur.　　　私は姉よりも背が低い.
4. Parlez (　　　　) vite, s'il vous plaît.　　　　　もっとゆっくり話してください.
5. Je veux aller (　　　　) loin.　　　　　　　もっと遠くへ行きたい.

3. （　）に適切な語を入れて, 最上級の文章を作りましょう.

1. Isabelle est (　　　　　) (　　　　　　　　　) jolie de la classe.
   イザベルはクラスで一番かわいい.

2. Louis est (　　　　　) (　　　　　　　　　) mauvais élève de la classe.
   ルイはクラスで最も出来の悪い生徒だ.

3. Ce restaurant est (　　　　　) (　　　　　) du quartier.
   このレストランはこの辺りで一番おいしい.

4. On a choisi la chambre d'hôtel (　　　　) (　　　　　　) chère.
   私たちは最も安いホテルの部屋を選んだ.

5. C'est elle qui danse (　　　　　) (　　　　　).
   ダンスが一番上手いのは彼女だ.

4. 次の日本語をフランス語にしましょう.

1. あなたがワイン好きなのは知っています. _____
2. 君は泳げる？（泳ぐ **nager**）_____
3. 君は彼がフランスにとどまると思う？ _____

(099) 5. 聞き取り

A : Qu'est-ce que tu (　　　　　　　　　) pour les vacances d'hiver ?
B : Je (　　　　　　　　). Et toi ?
A : Moi, je (　　　　　　　　　　　　　).
B : Tu (　　　　　　　) quand ?
A : Je partirai (　　　　　　　　　　　　　). Et toi ?
B : Moi, je partirai (　　　　　　　).

1. ( ) に que (qu'), qui, où, dont のいずれかを書き入れて，全文を訳しましょう.

1. Je crois ( ) elle viendra demain.

_____

2. Les perles* ( ) il m'a offertes viennent du Japon. 　*perle 真珠

_____

3. Voilà le livre ( ) je vous ai parlé.

_____

4. Les gens ( ) habitaient là sont partis.

_____

5. C'est la ville ( ) j'ai habité pendant un an.

_____

2. 次の応答に合う疑問文を ( ) 書き入れ，全文を訳しましょう.

1. C'est ( ) ? – C'est mon petit frère.

_____

2. ( ) est là ? – C'est moi.

_____

3. Tu cherches ( ) ? – Je cherche Louise.

_____

3. ( ) に適切な指示代名詞を書き入れましょう.

1. Cet arbre est plus grand que ( )-là. 　この木はあちらの木より大きい.
2. Ces gâteaux sont aussi bons que ( )-là.
   これらのケーキはあちらのケーキと同じくらいおいしい.
3. Cette robe est moins chère que ( )-là.
   このドレスはあちらのドレスよりも高くない.
4. Ces chaussures sont beaucoup plus jolies que ( )-là.
   これらの靴はあちらの靴よりずっと素敵だ.
5. De ces deux sacs, j'aime mieux ( )-ci que ( )-là.
   この二つのうち，私はあちらのバッグよりこちらのバッグの方が好きだ.

102 **4.** 聞き取り

1. C'est ( ) ?
   – C'est ( ) ( ) j'aime beaucoup.
2. C'est ( ) ?
   – C'est ( ) ( ) je veux acheter.
3- C'est ( ) ?
   – C'est dans ( ) ( ) je suis né.

1. [　　] の動詞を現在分詞にして（　　）に書き入れ，全文を訳しましょう.

　1. J'ai entendu des gens (　　　　　　　　) dans la rue.　[chanter]
　　_____

　2. (　　　　　　　) fatigué, il est resté à la maison.　[être]
　　_____

　3. (　　　　　　　) trop bu hier, j'ai mal à la tête ce matin.　[avoir]
　　_____

2. [　　] の動詞をジェロンディフにして（　　）に書き入れ，全文を訳しましょう.

　1. Ils travaillent (　　　　　　　　) de la musique.　[écouter]
　　_____

　2. J'ai vu Michel (　　　　　　　　) du supermarché.　[sortir]
　　_____

　3. Tout (　　　　　　　) fatiguée, elle est quand même sortie.　[être]
　　　　　　　　　　　　　　　　　　　　（quand même それでも）
　　_____

3. （　　）に pouvoir の活用形（直説法現在）を書き入れ，全文を訳しましょう.

　1. Je (　　　　) vous aider ? _____
　2. Vous (　　　　) y aller tout seul ? _____
　3. Tu (　　　　) me donner un coup de main ? _____
　4. Il (　　　　) aller te chercher à la gare. _____
　5. Nous ne (　　　　) pas manger dehors, il pleut. _____

4. 次の日本語をフランス語にしましょう.

　1. どういう意味ですか？ _____
　2. それはどのように書きますか？ _____
　3. どのように発音しますか？ _____

(105) 5. 聞き取り

　1. _____
　2. _____
　3. _____
　4. _____
　5. _____

1. [　] には直説法半過去を，（　）には条件法現在形を書き入れ，全文を訳しましょう.

　　1. S'il [　　　　　　　　] beau aujourd'hui, je (　　　　　　　　).　[faire] (sortir)

　　　_____

　　2. Si j'[　　　　　　　　] riche, j'(　　　　　　　).　[être] (voyager)

　　　_____

　　3. Si j'[　　　　　　　　] le temps, j'(　　　　　　　) au cinéma. [avoir] (aller)

　　　_____

　　4. Je (　　　　　　　) avoir un chien.　(vouloir)

　　　_____

　　5. (　　　　　　　)-vous attendre un peu ?　(pouvoir)

　　　_____

2. [　] には直説法大過去を，（　）には条件法過去形を書き入れ，全文を訳しましょう.

　　1. Si j'[　　　　　　　　] riche, j'(　　　　　　　) cette maison.
　　　　　　　　　　　　　　　　　　　　　　　　　　　　[être] (acheter)

　　　_____

　　2. Si j'[　　　　　　　　] des vacances, je (　　　　　　　) avec vous.
　　　　　　　　　　　　　　　　　　　　　　　　　　　　[avoir] (partir)

　　　_____

　　3. S'il [　　　　　　　　] plus courageux, il (　　　　　　　).
　　　　　　　　　　　　　　　　　　　　　　　　　　　　[être] (réussir)

　　　_____

　　4. J'(　　　　　　　) rester avec vous.　(vouloir)

　　　_____

　　5. Avec toi, on (　　　　　　　) plus joyeux.　(être)

　　　_____

3. 次の日本語をフランス語にしましょう.

　　1. バカンスに行きたいなあ！　_____

　　2. 私には車が必要だ.　_____

　　3. もううんざり！　_____

(110) 4. 聞き取り

　　1. _____

　　2. _____

　　3. _____

　　4. _____

　　5. _____

1. [　　] の動詞の接続法現在形を（　　）に書き入れましょう.

1. Il faut que vous (　　　　　　　　　) gentil avec elle.　［être］
2. Il faut que tu (　　　　　　　　) ce travail.　［finir］
3. Il ne faut pas que nous (　　　　　　　) en retard.　［arriver］
4. Tu veux que je (　　　　　　) avec toi ?　［venir］
5. Je ne crois pas qu'elle l'(　　　　　　　).　［aimer］

2. 下線部を中性代名詞に書き換えましょう.

1. Je suis contente de ce résultat.　→　_____
2. Je ne me souviens pas de mon enfance.　→　_____
3. Tu as parlé de tes problèmes au médecin ?　→　_____
4. Je vous remercie de votre gentillesse.　→　_____
5. Que penses-tu de ce projet ? →　_____

3. （　　）に dire の活用形を書き入れましょう.

1. Qu'est-ce que vous (　　　　　　　　　) ?
何とおっしゃったのですか？（複合過去）

2. Je t'(　　　　　　　　) ce que j'en pense.
君に私の思うところを言ったんだよ.（複合過去）

3. (　　　　　　　　)-moi, vous êtes libre ce soir ?
お聞きしたいのですが（私に言ってください）. 今晩空いていますか？（現在形）

4. （　　）に devoir の活用形を書き入れましょう.

1. Je (　　　　　　　　) aller chercher mon fils.
息子を迎えに行かなければならない.（現在形）

2. Tu (　　　　　　　　) être fatigué.
君は疲れているにちがいない.（現在形）

3. Vous (　　　　　　　　) venir avec nous.
私たちといらっしゃればよかったのに.（条件法過去）

116 5. 聞き取り

1. Tu dois agir avec (　　　　　　　　　　　　　　　).
2. J'ai lu ce livre avec (　　　　　　　　　　　).
3. J'attends votre lettre avec (　　　　　　　　　　　).
4. J'ai fini ce travail avec (　　　　　　　　　　　).
5. Je le ferai avec (　　　　　　　　　　).

文法補遺	国・国民・言語

冠詞や前置詞とともに覚えましょう.

国	le Japon 日本	la France フランス	les États-Unis アメリカ合衆国
～に／で	au Japon	en France	aux États-Unis
～から／の	du Japon	de France	des États-Unis
国民 (男性) (女性)	un Japonais	un Français	un Américain
	une Japonaise	une Française	une Américaine
言語 (～語) (～語で)	le japonais	le français	l'anglais
	en japonais	en français	en anglais

Je vais en France. 私はフランスに行く.
Il vient de France. 彼はフランスから来た (フランス出身だ).
C'est un Français. それはあるフランス人だ.
Il parle (le) français. 彼はフランス語を話す.

文法補遺	補語人称代名詞の語順

直接補語人称代名詞と間接補語人称代名詞が併用される場合，以下の語順になります.

ふつうは，間接補語＋直接補語 の順番．lui leur があるときには，直接補語＋間接補語 の順番になると覚えておきましょう.

Je **vous le** donne. 私はあなたにそれをあげる. (間接補語＋直接補語)
Je **le lui** donne. 私はそれを彼にあげる. (直接補語＋間接補語)

Exercices

受動態

助動詞 être のあとに過去分詞をつけると，受動態になります．過去分詞は，形容詞と同様にとらえられるため，主語の性数に一致させます．

Il **est invité** à dîner par son voisin. 　　彼はお隣さんから夕食に招待されている．

Ma mère **est aimée** de tout le monde. 　私の母はみんなに好かれている．

Elle **a été élevée** par sa grand-mère. 　　彼女は祖母に育てられた．（複合過去）

✈ 動作主を示す「～によって」という前置詞には，一般的には par~，状態や心理を表す場合には de ～を用います．

中性代名詞　y，le

中性代名詞には，en（cf. p.53, p.88）のほかに，y と le があります．いずれも動詞の直前に置かれます．

y

❶〈場所の前置詞＋名詞〉

Tu vas au cinéma ce soir ? 　– Oui, j'**y** vais avec Olivier.

今晩，映画に行くの？ 　　　　　　– うん，オリヴィエと行くよ．

Tu travailles toujours chez Sony ? 　– Non, je n'**y** travaille plus.

今もソニーで働いているの？ 　　　　　　– いや，もう働いていないよ．

❷〈前置詞＋事物の名詞〉に代わります．

Tu penses à ton examen ? 　– Oui, j'**y** pense souvent.

試験のことを考えているの？ 　　– うん，しょっちゅう考えているよ．

le

形容詞，不定詞，節，文などに代わります．

Il a été malade. – Oui, je **le** sais. 彼は病気だったんだよ．– そのことは知ってるよ．

直説法単純過去

　最後に，書き言葉としてしか使用されない単純過去にも触れておきましょう．この時制は，物語や歴史的表記において用いられる文語体です．口語として使われることも仏検に出ることもありませんが，皆さんが今後フランス語の書物を読みたいと思ったときに必要になります．例えば，誰もが知っている『赤ずきんちゃん』は以下の通り．

　　Il était une fois une petite fille de village, la plus jolie qu'on eût su voir : sa Mère en était folle, et sa Mère-grand plus folle encore. Cette bonne femme lui fit faire un petit chaperon rouge, qui lui seyait si bien que partout on l'appelait le petit Chaperon rouge.
　　Un jour sa Mère, ayant cuit et fait des galettes, lui dit
　　– Va voir comme se porte ta Mère-grand, car on m'a dit qu'elle était malade. Porte-lui une galette et ce petit pot de beurre.

Charles Perrault, Le Petit Chaperon rouge, Gallimard

fit（faire「〜させる」）　dit（dire「言う」）：単純過去（物語の中で，ある完了した行為を述べます）

　活用は語尾によって4つに分類されます．この語尾活用さえ知っておけば，絵本も歴史書もこわくありません！

①a型　-er 動詞のすべて
②i型　-ir, re 動詞の大半
③u型　-oir 動詞の大半 (avoir, être)
④in型　venir, tenir など
語幹：chanter → chant-　　　finir → fini-　　　être → f-　　　venir → v-

①	②	③	④
je chanta	je finis	je fus	je vins
tu chantas	tu finis	tu fus	tu vins
il chanta	il finit	il fut	il vint
nous chantâmes	nous finîmes	nous fûmes	nous vînmes
vous chantâtes	vous finîtes	vous fûtes	vous vîntes
ils chantèrent	ils finirent	ils furent	ils vinrent

Napoléon naquit en Corse et mourut à Sainte-Hélène.
ナポレオンはコルシカ島で生まれ，セントヘレナ島で死んだ．

シェ・マドレーヌ

東海　麻衣子
ジャン＝ガブリエル　サントニ　著

2020. 2. 1　初版発行
2022. 4. 1　3刷発行

発行者　井　田　洋　二

発行所　〒101-0062 東京都千代田区神田駿河台3の7
　　　　電話 03(3291)1676　FAX 03(3291)1675
　　　　振替 00190-3-56669

株式
会社　駿河台出版社

製版・印刷・製本　㈱フォレスト
http://www.e-surugadai.com
ISBN978-4-411-01133-6　C1085

動 詞 活 用 表

◇ 活用表中，現在分詞と過去分詞はイタリック体，
また書体の違う活用は，とくに注意すること．

accueillir	22	écrire	40	pleuvoir	61
acheter	10	émouvoir	55	pouvoir	54
acquérir	26	employer	13	préférer	12
aimer	7	envoyer	15	prendre	29
aller	16	être	2	recevoir	52
appeler	11	être aimé(e)(s)	5	rendre	28
(s')asseoir	60	être allé(e)(s)	4	résoudre	42
avoir	1	faire	31	rire	48
avoir aimé	3	falloir	62	rompre	50
battre	46	finir	17	savoir	56
boire	41	fuir	27	sentir	19
commencer	8	(se) lever	6	suffire	34
conclure	49	lire	33	suivre	38
conduire	35	manger	9	tenir	20
connaître	43	mettre	47	vaincre	51
coudre	37	mourir	25	valoir	59
courir	24	naître	44	venir	21
craindre	30	ouvrir	23	vivre	39
croire	45	partir	18	voir	57
devoir	53	payer	14	vouloir	58
dire	32	plaire	36		

◇ 単純時称の作り方

不定法		直説法現在			接続法現在		直説法半過去	
—er [e] —ir [ir] —re [r] —oir [war]	je (j')	—e [無音]	—s [無音]		—e [無音]		—ais [ɛ]	
	tu	—es [無音]	—s [無音]		—es [無音]		—ais [ɛ]	
	il	—e [無音]	—t [無音]		—e [無音]		—ait [ɛ]	
現在分詞	nous	—ons [ɔ̃]			—ions [jɔ̃]		—ions [jɔ̃]	
	vous	—ez [e]			—iez [je]		—iez [je]	
—ant [ɑ̃]	ils	—ent [無音]			—ent [無音]		—aient [ɛ]	

	直説法単純未来		条件法現在	
je (j')	—rai	[re]	—rais	[rɛ]
tu	—ras	[rɑ]	—rais	[rɛ]
il	—ra	[ra]	—rait	[rɛ]
nous	—rons	[rɔ̃]	—rions	[rjɔ̃]
vous	—rez	[re]	—riez	[rje]
ils	—ront	[rɔ̃]	—raient	[rɛ]

	直 説 法 単 純 過 去					
je	—ai	[e]	—is	[i]	—us	[y]
tu	—as	[ɑ]	—is	[i]	—us	[y]
il	—a	[a]	—it	[i]	—ut	[y]
nous	—âmes	[am]	—îmes	[im]	—ûmes	[ym]
vous	—âtes	[at]	—îtes	[it]	—ûtes	[yt]
ils	—èrent	[ɛr]	—irent	[ir]	—urent	[yr]

過去分詞	—é [e], —i [i], —u [y], —s [無音], —t [無音]

①**直説法現在**の単数形は，第一群動詞では—e，—es，—e；他の動詞ではほとんど—s，—s，—t.

②**直説法現在**と**接続法現在**では，nous, vous の語幹が，他の人称の語幹と異なること（母音交替）がある.

③**命令法**は，直説法現在の tu, nous, vous をとった形.（ただし—es → e　vas → va）

④**接続法現在**は，多く直説法現在の3人称複数形から作られる. ils partent → je parte.

⑤**直説法半過去**と**現在分詞**は，直説法現在の1人称複数形から作られる.

⑥**直説法単純未来**と**条件法現在**は多く不定法から作られる. aimer → j'aimerai, finir → je finirai, rendre → je rendrai(-oir 型の語幹は不規則).

1. avoir

	直　説　法		
	現　在	半　過　去	単　純　過　去
現在分詞	j'　ai	j'　avais	j'　eus　　[y]
ayant	tu　as	tu　avais	tu　eus
	il　a	il　avait	il　eut
過去分詞	nous　avons	nous　avions	nous　eûmes
eu [y]	vous　avez	vous　aviez	vous　eûtes
	ils　ont	ils　avaient	ils　eurent

命　令　法	複　合　過　去	大　過　去	前　過　去
	j'　ai　eu	j'　avais　eu	j'　eus　eu
aie	tu　as　eu	tu　avais　eu	tu　eus　eu
	il　a　eu	il　avait　eu	il　eut　eu
ayons	nous　avons　eu	nous　avions　eu	nous　eûmes　eu
ayez	vous　avez　eu	vous　aviez　eu	vous　eûtes　eu
	ils　ont　eu	ils　avaient　eu	ils　eurent　eu

2. être

	直　説　法		
	現　在	半　過　去	単　純　過　去
現在分詞	je　suis	j'　étais	je　fus
étant	tu　es	tu　étais	tu　fus
	il　est	il　était	il　fut
過去分詞	nous　sommes	nous　étions	nous　fûmes
été	vous　êtes	vous　étiez	vous　fûtes
	ils　sont	ils　étaient	ils　furent

命　令　法	複　合　過　去	大　過　去	前　過　去
	j'　ai　été	j'　avais　été	j'　eus　été
sois	tu　as　été	tu　avais　été	tu　eus　été
	il　a　été	il　avait　été	il　eut　été
soyons	nous　avons　été	nous　avions　été	nous　eûmes　été
soyez	vous　avez　été	vous　aviez　été	vous　eûtes　été
	ils　ont　été	ils　avaient　été	ils　eurent　été

3. avoir aimé

［複合時称］	直　説　法		
	複　合　過　去	大　過　去	前　過　去
分詞複合形	j'　ai　aimé	j'　avais　aimé	j'　eus　aimé
ayant aimé	tu　as　aimé	tu　avais　aimé	tu　eus　aimé
	il　a　aimé	il　avait　aimé	il　eut　aimé
命　令　法	elle　a　aimé	elle　avait　aimé	elle　eut　aimé
aie aimé	nous　avons　aimé	nous　avions　aimé	nous　eûmes　aimé
	vous　avez　aimé	vous　aviez　aimé	vous　eûtes　aimé
ayons aimé	ils　ont　aimé	ils　avaient　aimé	ils　eurent　aimé
ayez aimé	elles　ont　aimé	elles　avaient　aimé	elles　eurent　aimé

4. être allé(e)(s)

［複合時称］	直　説　法		
	複　合　過　去	大　過　去	前　過　去
分詞複合形	je　suis　allé(e)	j'　étais　allé(e)	je　fus　allé(e)
étant allé(e)(s)	tu　es　allé(e)	tu　étais　allé(e)	tu　fus　allé(e)
	il　est　allé	il　était　allé	il　fut　allé
命　令　法	elle　est　allée	elle　était　allée	elle　fut　allée
sois allé(e)	nous　sommes　allé(e)s	nous　étions　allé(e)s	nous　fûmes　allé(e)s
	vous　êtes　allé(e)(s)	vous　étiez　allé(e)(s)	vous　fûtes　allé(e)(s)
soyons allé(e)s	ils　sont　allés	ils　étaient　allés	ils　furent　allés
soyez allé(e)(s)	elles　sont　allées	elles　étaient　allées	elles　furent　allées

単 純 未 来		条 件 法 現 在		接 続 法 現 在		半 過 去	
j'	aurai	j'	aurais	j'	aie	j'	eusse
tu	auras	tu	aurais	tu	aies	tu	eusses
il	aura	il	aurait	il	ait	il	eût
nous	aurons	nous	aurions	nous	ayons	nous	eussions
vous	aurez	vous	auriez	vous	ayez	vous	eussiez
ils	auront	ils	auraient	ils	aient	ils	eussent
前 未 来		過 去		過 去		大 過 去	
j'	aurai eu	j'	aurais eu	j'	aie eu	j'	eusse eu
tu	auras eu	tu	aurais eu	tu	aies eu	tu	eusses eu
il	aura eu	il	aurait eu	il	ait eu	il	eût eu
nous	aurons eu	nous	aurions eu	nous	ayons eu	nous	eussions eu
vous	aurez eu	vous	auriez eu	vous	ayez eu	vous	eussiez eu
ils	auront eu	ils	auraient eu	ils	aient eu	ils	eussent eu

単 純 未 来		条 件 法 現 在		接 続 法 現 在		半 過 去	
je	serai	je	serais	je	sois	je	fusse
tu	seras	tu	serais	tu	sois	tu	fusses
il	sera	il	serait	il	soit	il	fût
nous	serons	nous	serions	nous	soyons	nous	fussions
vous	serez	vous	seriez	vous	soyez	vous	fussiez
ils	seront	ils	seraient	ils	soient	ils	fussent
前 未 来		過 去		過 去		大 過 去	
j'	aurai été	j'	aurais été	j'	aie été	j'	eusse été
tu	auras été	tu	aurais été	tu	aies été	tu	eusses été
il	aura été	il	aurait été	il	ait été	il	eût été
nous	aurons été	nous	aurions été	nous	ayons été	nous	eussions été
vous	aurez été	vous	auriez été	vous	ayez été	vous	eussiez été
ils	auront été	ils	auraient été	ils	aient été	ils	eussent été

前 未 来		条 件 法 過 去		接 続 法 過 去		大 過 去	
j'	aurai aimé	j'	aurais aimé	j'	aie aimé	j'	eusse aimé
tu	auras aimé	tu	aurais aimé	tu	aies aimé	tu	eusses aimé
il	aura aimé	il	aurait aimé	il	ait aimé	il	eût aimé
elle	aura aimé	elle	aurait aimé	elle	ait aimé	elle	eût aimé
nous	aurons aimé	nous	aurions aimé	nous	ayons aimé	nous	eussions aimé
vous	aurez aimé	vous	auriez aimé	vous	ayez aimé	vous	eussiez aimé
ils	auront aimé	ils	auraient aimé	ils	aient aimé	ils	eussent aimé
elles	auront aimé	elles	auraient aimé	elles	aient aimé	elles	eussent aimé

前 未 来		条 件 法 過 去		接 続 法 過 去		大 過 去	
je	serai allé(e)	je	serais allé(e)	je	sois allé(e)	je	fusse allé(e)
tu	seras allé(e)	tu	serais allé(e)	tu	sois allé(e)	tu	fusse allé(e)
il	sera allé	il	serait allé	il	soit allé	il	fût allé
elle	sera allée	elle	serait allée	elle	soit allée	elle	fût allée
nous	serons allé(e)s	nous	serions allé(e)s	nous	soyons allé(e)s	nous	fussions allé(e)s
vous	serez allé(e)(s)	vous	seriez allé(e)(s)	vous	soyez allé(e)(s)	vous	fussiez allé(e)(s)
ils	seront allés	ils	seraient allés	ils	soient allés	ils	fussent allés
elles	seront allées	elles	seraient allées	elles	soient allées	elles	fussent allées

5. être aimé(e)(s) ［受動態］

直　説　法		接　続　法

直説法

現　在

je	suis	aimé(e)
tu	es	aimé(e)
il	est	aimé
elle	est	aimée
nous	sommes	aimé(e)s
vous	êtes	aimé(e)(s)
ils	sont	aimés
elles	sont	aimées

複　合　過　去

j'	ai	été	aimé(e)
tu	as	été	aimé(e)
il	a	été	aimé
elle	a	été	aimée
nous	avons	été	aimé(e)s
vous	avez	été	aimé(e)(s)
ils	ont	été	aimés
elles	ont	été	aimées

接続法

現　在

je	sois	aimé(e)
tu	sois	aimé(e)
il	soit	aimé
elle	soit	aimée
nous	soyons	aimé(e)s
vous	soyez	aimé(e)(s)
ils	soient	aimés
elles	soient	aimées

半　過　去

j'	étais	aimé(e)
tu	étais	aimé(e)
il	était	aimé
elle	était	aimée
nous	étions	aimé(e)s
vous	étiez	aimé(e)(s)
ils	étaient	aimés
elles	étaient	aimées

大　過　去

j'	avais	été	aimé(e)
tu	avais	été	aimé(e)
il	avait	été	aimé
elle	avait	été	aimée
nous	avions	été	aimé(e)s
vous	aviez	été	aimé(e)(s)
ils	avaient	été	aimés
elles	avaient	été	aimées

過　去

j'	aie	été	aimé(e)
tu	aies	été	aimé(e)
il	ait	été	aimé
elle	ait	été	aimée
nous	ayons	été	aimé(e)s
vous	ayez	été	aimé(e)(s)
ils	aient	été	aimés
elles	aient	été	aimées

単　純　過　去

je	fus	aimé(e)
tu	fus	aimé(e)
il	fut	aimé
elle	fut	aimée
nous	fûmes	aimé(e)s
vous	fûtes	aimé(e)(s)
ils	furent	aimés
elles	furent	aimées

前　過　去

j'	eus	été	aimé(e)
tu	eus	été	aimé(e)
il	eut	été	aimé
elle	eut	été	aimée
nous	eûmes	été	aimé(e)s
vous	eûtes	été	aimé(e)(s)
ils	eurent	été	aimés
elles	eurent	été	aimées

半　過　去

je	fusse	aimé(e)
tu	fusses	aimé(e)
il	fût	aimé
elle	fût	aimée
nous	fussions	aimé(e)s
vous	fussiez	aimé(e)(s)
ils	fussent	aimés
elles	fussent	aimées

単　純　未　来

je	serai	aimé(e)
tu	seras	aimé(e)
il	sera	aimé
elle	sera	aimée
nous	serons	aimé(e)s
vous	serez	aimé(e)(s)
ils	seront	aimés
elles	seront	aimées

前　未　来

j'	aurai	été	aimé(e)
tu	auras	été	aimé(e)
il	aura	été	aimé
elle	aura	été	aimée
nous	aurons	été	aimé(e)s
vous	aurez	été	aimé(e)(s)
ils	auront	été	aimés
elles	auront	été	aimées

大　過　去

j'	eusse	été	aimé(e)
tu	eusses	été	aimé(e)
il	eût	été	aimé
elle	eût	été	aimée
nous	eussions	été	aimé(e)s
vous	eussiez	été	aimé(e)(s)
ils	eussent	été	aimés
elles	eussent	été	aimées

条　件　法

現　在

je	serais	aimé(e)
tu	serais	aimé(e)
il	serait	aimé
elle	serait	aimée
nous	serions	aimé(e)s
vous	seriez	aimé(e)(s)
ils	seraient	aimés
elles	seraient	aimées

過　去

j'	aurais	été	aimé(e)
tu	aurais	été	aimé(e)
il	aurait	été	aimé
elle	aurait	été	aimée
nous	aurions	été	aimé(e)s
vous	auriez	été	aimé(e)(s)
ils	auraient	été	aimés
elles	auraient	été	aimées

現在分詞

étant aimé(e)(s)

過去分詞

été aimé(e)(s)

命　令　法

sois	aimé(e)s
soyons	aimé(e)s
soyez	aimé(e)(s)

6. se lever ［代名動詞］

直説法

現在

je	me	lève
tu	te	lèves
il	se	lève
elle	se	lève
nous	nous	levons
vous	vous	levez
ils	se	lèvent
elles	se	lèvent

複合過去

je	me	suis	levé(e)
tu	t'	es	levé(e)
il	s'	est	levé
elle	s'	est	levée
nous	nous	sommes	levé(e)s
vous	vous	êtes	levé(e)(s)
ils	se	sont	levés
elles	se	sont	levées

半過去

je	me	levais
tu	te	levais
il	se	levait
elle	se	levait
nous	nous	levions
vous	vous	leviez
ils	se	levaient
elles	se	levaient

大過去

je	m'	étais	levé(e)
tu	t'	étais	levé(e)
il	s'	était	levé
elle	s'	était	levée
nous	nous	étions	levé(e)s
vous	vous	étiez	levé(e)(s)
ils	s'	étaient	levés
elles	s'	étaient	levées

単純過去

je	me	levai
tu	te	levas
il	se	leva
elle	se	leva
nous	nous	levâmes
vous	vous	levâtes
ils	se	levèrent
elles	se	levèrent

前過去

je	me	fus	levé(e)
tu	te	fus	levé(e)
il	se	fut	levé
elle	se	fut	levée
nous	nous	fûmes	levé(e)s
vous	vous	fûtes	levé(e)(s)
ils	se	furent	levés
elles	se	furent	levées

単純未来

je	me	lèverai
tu	te	lèveras
il	se	lèvera
elle	se	lèvera
nous	nous	lèverons
vous	vous	lèverez
ils	se	lèveront
elles	se	lèveront

前未来

je	me	serai	levé(e)
tu	te	seras	levé(e)
il	se	sera	levé
elle	se	sera	levée
nous	nous	serons	levé(e)s
vous	vous	serez	levé(e)(s)
ils	se	seront	levés
elles	se	seront	levées

接続法

現在

je	me	lève
tu	te	lèves
il	se	lève
elle	se	lève
nous	nous	levions
vous	vous	leviez
ils	se	lèvent
elles	se	lèvent

過去

je	me	sois	levé(e)
tu	te	sois	levé(e)
il	se	soit	levé
elle	se	soit	levée
nous	nous	soyons	levé(e)s
vous	vous	soyez	levé(e)(s)
ils	se	soient	levés
elles	se	soient	levées

半過去

je	me	levasse
tu	te	levasses
il	se	levât
elle	se	levât
nous	nous	levassions
vous	vous	levassiez
ils	se	levassent
elles	se	levassent

大過去

je	me	fusse	levé(e)
tu	te	fusses	levé(e)
il	se	fût	levé
elle	se	fût	levée
nous	nous	fussions	levé(e)s
vous	vous	fussiez	levé(e)(s)
ils	se	fussent	levés
elles	se	fussent	levées

条件法

現在

je	me	lèverais
tu	te	lèverais
il	se	lèverait
elle	se	lèverait
nous	nous	lèverions
vous	vous	lèveriez
ils	se	lèveraient
elles	se	lèveraient

過去

je	me	serais	levé(e)
tu	te	serais	levé(e)
il	se	serait	levé
elle	se	serait	levée
nous	nous	serions	levé(e)s
vous	vous	seriez	levé(e)(s)
ils	se	seraient	levés
elles	se	seraient	levées

現在分詞

se levant

命令法

lève-toi
levons-nous
levez-vous

◇ se が間接補語のとき過去分詞は性・数の変化をしない.

不 定 法 現在分詞 過去分詞	直　説　法			
	現　　在	半　過　去	単純過去	単純未来
7. aimer *aimant* *aimé*	j'　aime tu　aimes il　aime n.　aimons v.　aimez ils　aiment	j'　aimais tu　aimais il　aimait n.　aimions v.　aimiez ils　aimaient	j'　aimai tu　aimas il　aima n.　aimâmes v.　aimâtes ils　aimèrent	j'　aimerai tu　aimeras il　aimera n.　aimerons v.　aimerez ils　aimeront
8. commencer *commençant* *commencé*	je　commence tu　commences il　commence n.　commençons v.　commencez ils　commencent	je　commençais tu　commençais il　commençait n.　commencions v.　commenciez ils　commençaient	je　commençai tu　commenças il　commença n.　commençâmes v.　commençâtes ils　commencèrent	je　commencerai tu　commenceras il　commencera n.　commencerons v.　commencerez ils　commenceront
9. manger *mangeant* *mangé*	je　mange tu　manges il　mange n.　mangeons v.　mangez ils　mangent	je　mangeais tu　mangeais il　mangeait n.　mangions v.　mangiez ils　mangeaient	je　mangeai tu　mangeas il　mangea n.　mangeâmes v.　mangeâtes ils　mangèrent	je　mangerai tu　mangeras il　mangera n.　mangerons v.　mangerez ils　mangeront
10. acheter *achetant* *acheté*	j'　achète tu　achètes il　achète n.　achetons v.　achetez ils　achètent	j'　achetais tu　achetais il　achetait n.　achetions v.　achetiez ils　achetaient	j'　achetai tu　achetas il　acheta n.　achetâmes v.　achetâtes ils　achetèrent	j'　achèterai tu　achèteras il　achètera n.　achèterons v.　achèterez ils　achèteront
11. appeler *appelant* *appelé*	j'　appelle tu　appelles il　appelle n.　appelons v.　appelez ils　appellent	j'　appelais tu　appelais il　appelait n.　appelions v.　appeliez ils　appelaient	j'　appelai tu　appelas il　appela n.　appelâmes v.　appelâtes ils　appelèrent	j'　appellerai tu　appelleras il　appellera n.　appellerons v.　appellerez ils　appelleront
12. préférer *préférant* *préféré*	je　préfère tu　préfères il　préfère n.　préférons v.　préférez ils　préfèrent	je　préférais tu　préférais il　préférait n.　préférions v.　préfériez ils　préféraient	je　préférai tu　préféras il　préféra n.　préférâmes v.　préférâtes ils　préférèrent	je　préférerai tu　préféreras il　préférera n.　préférerons v.　préférerez ils　préféreront
13. employer *employant* *employé*	j'　emploie tu　emploies il　emploie n.　employons v.　employez ils　emploient	j'　employais tu　employais il　employait n.　employions v.　employiez ils　employaient	j'　employai tu　employas il　employa n.　employâmes v.　employâtes ils　employèrent	j'　emploierai tu　emploieras il　emploiera n.　emploierons v.　emploierez ils　emploieront

条 件 法	接 続 法		命 令 法	同 型
現　　在	現　　在	半 過 去		
j'　aimerais tu　aimerais il　aimerait n.　aimerions v.　aimeriez ils　aimeraient	j'　aime tu　aimes il　aime n.　aimions v.　aimiez ils　aiment	j'　aimasse tu　aimasses il　aimât n.　aimassions v.　aimassiez ils　aimassent	aime aimons aimez	注語尾 -er の動詞 （除：aller, envoyer） を第一群規則動詞と もいう.
je　commencerais tu　commencerais il　commencerait n.　commencerions v.　commenceriez ils　commenceraient	je　commence tu　commences il　commence n.　commencions v.　commenciez ils　commencent	je　commençasse tu　commençasses il　commençât n.　commençassions v.　commençassiez ils　commençassent	commence commençons commencez	**avancer** **effacer** **forcer** **lancer** **placer** **prononcer** **remplacer** **renoncer**
je　mangerais tu　mangerais il　mangerait n.　mangerions v.　mangeriez ils　mangeraient	je　mange tu　manges il　mange n.　mangions v.　mangiez ils　mangent	je　mangeasse tu　mangeasses il　mangeât n.　mangeassions v.　mangeassiez ils　mangeassent	mange mangeons mangez	**arranger** **changer** **charger** **déranger** **engager** **manger** **obliger** **voyager**
j'　achèterais tu　achèterais il　achèterait n.　achèterions v.　achèteriez ils　achèteraient	j'　achète tu　achètes il　achète n.　achetions v.　achetiez ils　achètent	j'　achetasse tu　achetasses il　achetât n.　achetassions v.　achetassiez ils　achetassent	achète achetons achetez	**achever** **amener** **enlever** **lever** **mener** **peser** **(se) promener**
j'　appellerais tu　appellerais il　appellerait n.　appellerions v.　appelleriez ils　appelleraient	j'　appelle tu　appelles il　appelle n.　appelions v.　appeliez ils　appellent	j'　appelasse tu　appelasses il　appelât n.　appelassions v.　appelassiez ils　appelassent	appelle appelons appelez	**jeter** **rappeler** **rejeter** **renouveler**
je　préférerais tu　préférerais il　préférerait n.　préférerions v.　préféreriez ils　préféreraient	je　préfère tu　préfères il　préfère n.　préférions v.　préfériez ils　préfèrent	je　préférasse tu　préférasses il　préférât n.　préférassions v.　préférassiez ils　préférassent	préfère préférons préférez	**considérer** **désespérer** **espérer** **inquiéter** **pénétrer** **posséder** **répéter** **sécher**
j'　emploierais tu　emploierais il　emploierait n.　emploierions v.　emploieriez ils　emploieraient	j'　emploie tu　emploies il　emploie n.　employions v.　employiez ils　emploient	j'　employasse tu　employasses il　employât n.　employassions v.　employassiez ils　employassent	emploie employons employez	**-oyer**（除：**envoyer**） **-uyer** **appuyer** **ennuyer** **essuyer** **nettoyer**

不 定 法 現在分詞 過去分詞	直 説 法			
	現 在	半 過 去	単純過去	単純未来
14. payer *payant* *payé*	je paye (paie) tu payes (paies) il paye (paie) n. payons v. payez ils payent (paient)	je payais tu payais il payait n. payions v. payiez ils payaient	je payai tu payas il paya n. payâmes v. payâtes ils payèrent	je payerai (paierai) tu payeras (*etc....*) il payera n. payerons v. payerez ils payeront
15. envoyer *envoyant* *envoyé*	j' envoie tu envoies il envoie n. envoyons v. envoyez ils envoient	j' envoyais tu envoyais il envoyait n. envoyions v. envoyiez ils envoyaient	j' envoyai tu envoyas il envoya n. envoyâmes v. envoyâtes ils envoyèrent	j' **enverrai** tu **enverras** il **enverra** n. **enverrons** v. **enverrez** ils **enverront**
16. aller *allant* *allé*	je **vais** tu **vas** il **va** n. allons v. allez ils **vont**	j' allais tu allais il allait n. allions v. alliez ils allaient	j' allai tu allas il alla n. allâmes v. allâtes ils allèrent	j' **irai** tu **iras** il **ira** n. **irons** v. **irez** ils **iront**
17. finir *finissant* *fini*	je finis tu finis il finit n. finissons v. finissez ils finissent	je finissais tu finissais il finissait n. finissions v. finissiez ils finissaient	je finis tu finis il finit n. finîmes v. finîtes ils finirent	je finirai tu finiras il finira n. finirons v. finirez ils finiront
18. partir *partant* *parti*	je pars tu pars il part n. partons v. partez ils partent	je partais tu partais il partait n. partions v. partiez ils partaient	je partis tu partis il partit n. partîmes v. partîtes ils partirent	je partirai tu partiras il partira n. partirons v. partirez ils partiront
19. sentir *sentant* *senti*	je sens tu sens il sent n. sentons v. sentez ils sentent	je sentais tu sentais il sentait n. sentions v. sentiez ils sentaient	je sentis tu sentis il sentit n. sentîmes v. sentîtes ils sentirent	je sentirai tu sentiras il sentira n. sentirons v. sentirez ils sentiront
20. tenir *tenant* *tenu*	je tiens tu tiens il tient n. tenons v. tenez ils tiennent	je tenais tu tenais il tenait n. tenions v. teniez ils tenaient	je tins tu tins il tint n. tînmes v. tîntes ils tinrent	je **tiendrai** tu **tiendras** il **tiendra** n. **tiendrons** v. **tiendrez** ils **tiendront**

条 件 法	接 続 法		命 令 法	同 型
現　　在	現　　在	半 過 去		
je　payerais (paierais) tu　payerais (etc. . . .) il　payerait n.　payerions v.　payeriez ils　payeraient	je　paye (paie) tu　payes (paies) il　paye (paie) n.　payions v.　payiez ils　payent (paient)	je　payasse tu　payasses il　payât n.　payassions v.　payassiez ils　payassent	paie (paye) payons payez	[発音] je paye [ʒəpɛj], je paie「ʒəpɛ」; je payerai [ʒəpɛjre], je paierai「ʒəpɛre].
j'　enverrais tu　enverrais il　enverrait n.　enverrions v.　enverriez ils　enverraient	j'　envoie tu　envoies il　envoie n.　envoyions v.　envoyiez ils　envoient	j'　envoyasse tu　envoyasses il　envoyât n.　envoyassions v.　envoyassiez ils　envoyassent	envoie envoyons envoyez	注未来，条·現を除い ては，13 と同じ. **renvoyer**
j'　irais tu　irais il　irait n.　irions v.　iriez ils　iraient	j'　**aille** tu　**ailles** il　**aille** n.　allions v.　alliez ils　**aillent**	j'　allasse tu　allasses il　allât n.　allassions v.　allassiez ils　allassent	**va** allons allez	注yがつくとき命令法· 現在は vas: vas-y. 直· 現· 3 人称複数に ont の 語尾をもつものは他に ont(avoir), sont(être), font(faire)のみ.
je　finirais tu　finirais il　finirait n.　finirions v.　finiriez ils　finiraient	je　finisse tu　finisses il　finisse n.　finissions v.　finissiez ils　finissent	je　finisse tu　finisses il　finît n.　finissions v.　finissiez ils　finissent	finis finissons finissez	注finir 型の動詞を第 2 群規則動詞という.
je　partirais tu　partirais il　partirait n.　partirions v.　partiriez ils　partiraient	je　parte tu　partes il　parte n.　partions v.　partiez ils　partent	je　partisse tu　partisses il　partît n.　partissions v.　partissiez ils　partissent	pars partons partez	注助動詞は être. **sortir**
je　sentirais tu　sentirais il　sentirait n.　sentirions v.　sentiriez ils　sentiraient	je　sente tu　sentes il　sente n.　sentions v.　sentiez ils　sentent	je　sentisse tu　sentisses il　sentît n.　sentissions v.　sentissiez ils　sentissent	sens sentons sentez	注18と助動詞を除 けば同型.
je　tiendrais tu　tiendrais il　tiendrait n.　tiendrions v.　tiendriez ils　tiendraient	je　tienne tu　tiennes il　tienne n.　tenions v.　teniez ils　tiennent	je　tinsse tu　tinsses il　tînt n.　tinssions v.　tinssiez ils　tinssent	tiens tenons tenez	注**venir 21** と同型, ただし, 助動詞は avoir.

不 定 法 現在分詞 過去分詞	直 説 法			
	現　　在	半 過 去	単 純 過 去	単 純 未 来
21. venir *venant* *venu*	je viens tu viens il vient n. venons v. venez ils viennent	je venais tu venais il venait n. venions v. veniez ils venaient	je vins tu vins il vint n. vînmes v. vîntes ils vinrent	je **viendrai** tu **viendras** il **viendra** n. **viendrons** v. **viendrez** ils **viendront**
22. accueillir *accueillant* *accueilli*	j' **accueille** tu **accueilles** il **accueille** n. accueillons v. accueillez ils accueillent	j' accueillais tu accueillais il accueillait n. accueillions v. accueilliez ils accueillaient	j' accueillis tu accueillis il accueillit n. accueillîmes v. accueillîtes ils accueillirent	j' **accueillerai** tu **accueilleras** il **accueillera** n. **accueillerons** v. **accueillerez** ils **accueilleront**
23. ouvrir *ouvrant* *ouvert*	j' **ouvre** tu **ouvres** il **ouvre** n. ouvrons v. ouvrez ils ouvrent	j' ouvrais tu ouvrais il ouvrait n. ouvrions v. ouvriez ils ouvraient	j' ouvris tu ouvris il ouvrit n. ouvrîmes v. ouvrîtes ils ouvrirent	j' ouvrirai tu ouvriras il ouvrira n. ouvrirons v. ouvrirez ils ouvriront
24. courir *courant* *couru*	je cours tu cours il court n. courons v. courez ils courent	je courais tu courais il courait n. courions v. couriez ils couraient	je courus tu courus il courut n. courûmes v. courûtes ils coururent	je **courrai** tu **courras** il **courra** n. **courrons** v. **courrez** ils **courront**
25. mourir *mourant* *mort*	je meurs tu meurs il meurt n. mourons v. mourez ils meurent	je mourais tu mourais il mourait n. mourions v. mouriez ils mouraient	je mourus tu mourus il mourut n. mourûmes v. mourûtes ils moururent	je **mourrai** tu **mourras** il **mourra** n. **mourrons** v. **mourrez** ils **mourront**
26. acquérir *acquérant* *acquis*	j' acquiers tu acquiers il acquiert n. acquérons v. acquérez ils acquièrent	j' acquérais tu acquérais il acquérait n. acquérions v. acquériez ils acquéraient	j' acquis tu acquis il acquit n. acquîmes v. acquîtes ils acquirent	j' **acquerrai** tu **acquerras** il **acquerra** n. **acquerrons** v. **acquerrez** ils **acquerront**
27. fuir *fuyant* *fui*	je fuis tu fuis il fuit n. fuyons v. fuyez ils fuient	je fuyais tu fuyais il fuyait n. fuyions v. fuyiez ils fuyaient	je fuis tu fuis il fuit n. fuîmes v. fuîtes ils fuirent	je fuirai tu fuiras il fuira n. fuirons v. fuirez ils fuiront

条 件 法	接 続 法		命 令 法	同 型
現　　在	現　　在	半 過 去		
je viendrais tu viendrais il viendrait n. viendrions v. viendriez ils viendraient	je vienne tu viennes il vienne n. venions v. veniez ils viennent	je vinsse tu vinsses il vînt n. vinssions v. vinssiez ils vinssent	viens venons venez	注助動詞は être. **devenir** **intervenir** **prévenir** **revenir** **(se) souvenir**
j' accueillerais tu accueillerais il accueillerait n. accueillerions v. accueilleriez ils accueilleraient	j' accueille tu accueilles il accueille n. accueillions v. accueilliez ils accueillent	j' accueillisse tu accueillisses il accueillît n. accueillissions v. accueillissiez ils accueillissent	**accueille** accueillons accueillez	**cueillir**
j' ouvrirais tu ouvrirais il ouvrirait n. ouvririons v. ouvririez ils ouvriraient	j' ouvre tu ouvres il ouvre n. ouvrions v. ouvriez ils ouvrent	j' ouvrisse tu ouvrisses il ouvrît n. ouvrissions v. ouvrissiez ils ouvrissent	**ouvre** ouvrons ouvrez	**couvrir** **découvrir** **offrir** **souffrir**
je courrais tu courrais il courrait n. courrions v. courriez ils courraient	je coure tu coures il coure n. courions v. couriez ils courent	je courusse tu courusses il courût n. courussions v. courussiez ils courussent	cours courons courez	**accourir**
je mourrais tu mourrais il mourrait n. mourrions v. mourriez ils mourraient	je meure tu meures il meure n. mourions v. mouriez ils meurent	je mourusse tu mourusses il mourût n. mourussions v. mourussiez ils mourussent	meurs mourons mourez	注助動詞は être.
j' acquerrais tu acquerrais il acquerrait n. acquerrions v. acquerriez ils acquerraient	j' acquière tu acquières il acquière n. acquérions v. acquériez ils acquièrent	j' acquisse tu acquisses il acquît n. acquissions v. acquissiez ils acquissent	acquiers acquérons acquérez	**conquérir**
je fuirais tu fuirais il fuirait n. fuirions v. fuiriez ils fuiraient	je fuie tu fuies il fuie n. fuyions v. fuyiez ils fuient	je fuisse tu fuisses il fuît n. fuissions v. fuissiez ils fuissent	fuis fuyons fuyez	**s'enfuir**

不 定 法 現在分詞 過去分詞	直 説 法			
	現　　在	半　過　去	単純過去	単純未来
28. rendre *rendant* *rendu*	je　rends tu　rends il　**rend** n.　rendons v.　rendez ils　rendent	je　rendais tu　rendais il　rendait n.　rendions v.　rendiez ils　rendaient	je　rendis tu　rendis il　rendit n.　rendîmes v.　rendîtes ils　rendirent	je　rendrai tu　rendras il　rendra n.　rendrons v.　rendrez ils　rendront
29. prendre *prenant* *pris*	je　prends tu　prends il　**prend** n.　prenons v.　prenez ils　prennent	je　prenais tu　prenais il　prenait n.　prenions v.　preniez ils　prenaient	je　pris tu　pris il　prit n.　prîmes v.　prîtes ils　prirent	je　prendrai tu　prendras il　prendra n.　prendrons v.　prendrez ils　prendront
30. craindre *craignant* *craint*	je　crains tu　crains il　craint n.　craignons v.　craignez ils　craignent	je　craignais tu　craignais il　craignait n.　craignions v.　craigniez ils　craignaient	je　craignis tu　craignis il　craignit n.　craignîmes v.　craignîtes ils　craignirent	je　craindrai tu　craindras il　craindra n.　craindrons v.　craindrez ils　craindront
31. faire *faisant* *fait*	je　fais tu　fais il　fait n.　faisons v.　**faites** ils　**font**	je　faisais tu　faisais il　faisait n.　faisions v.　faisiez ils　faisaient	je　fis tu　fis il　fit n.　fîmes v.　fîtes ils　firent	je　**ferai** tu　**feras** il　**fera** n.　**ferons** v.　**ferez** ils　**feront**
32. dire *disant* *dit*	je　dis tu　dis il　dit n.　disons v.　**dites** ils　disent	je　disais tu　disais il　disait n.　disions v.　disiez ils　disaient	je　dis tu　dis il　dit n.　dîmes v.　dîtes ils　dirent	je　dirai tu　diras il　dira n.　dirons v.　direz ils　diront
33. lire *lisant* *lu*	je　lis tu　lis il　lit n.　lisons v.　lisez ils　lisent	je　lisais tu　lisais il　lisait n.　lisions v.　lisiez ils　lisaient	je　lus tu　lus il　lut n.　lûmes v.　lûtes ils　lurent	je　lirai tu　liras il　lira n.　lirons v.　lirez ils　liront
34. suffire *suffisant* *suffi*	je　suffis tu　suffis il　suffit n.　suffisons v.　suffisez ils　suffisent	je　suffisais tu　suffisais il　suffisait n.　suffisions v.　suffisiez ils　suffisaient	je　suffis tu　suffis il　suffit n.　suffîmes v.　suffîtes ils　suffirent	je　suffirai tu　suffiras il　suffira n.　suffirons v.　suffirez ils　suffiront

条 件 法	接 続 法		命 令 法	同 型
現 在	現 在	半 過 去		
je rendrais tu rendrais il rendrait n. rendrions v. rendriez ils rendraient	je rende tu rendes il rende n. rendions v. rendiez ils rendent	je rendisse tu rendisses il rendît n. rendissions v. rendissiez ils rendissent	rends rendons rendez	**attendre descendre entendre pendre perdre répandre répondre vendre**
je prendrais tu prendrais il prendrait n. prendrions v. prendriez ils prendraient	je prenne tu prennes il prenne n. prenions v. preniez ils prennent	je prisse tu prisses il prît n. prissions v. prissiez ils prissent	prends prenons prenez	**apprendre comprendre entreprendre reprendre surprendre**
je craindrais tu craindrais il craindrait n. craindrions v. craindriez ils craindraient	je craigne tu craignes il craigne n. craignions v. craigniez ils craignent	je craignisse tu craignisses il craignît n. craignissions v. craignissiez ils craignissent	crains craignons craignez	**atteindre éteindre joindre peindre plaindre**
je ferais tu ferais il ferait n. ferions v. feriez ils feraient	je **fasse** tu **fasses** il **fasse** n. **fassions** v. **fassiez** ils **fassent**	je fisse tu fisses il fît n. fissions v. fissiez ils fissent	fais faisons **faites**	**défaire refaire satisfaire** 注fais-[f(ə)z-]
je dirais tu dirais il dirait n. dirions v. diriez ils diraient	je dise tu dises il dise n. disions v. disiez ils disent	je disse tu disses il dît n. dissions v. dissiez ils dissent	dis disons **dites**	**redire**
je lirais tu lirais il lirait n. lirions v. liriez ils liraient	je lise tu lises il lise n. lisions v. lisiez ils lisent	je lusse tu lusses il lût n. lussions v. lussiez ils lussent	lis lisons lisez	**relire élire**
je suffirais tu suffirais il suffirait n. suffirions v. suffiriez ils suffiraient	je suffise tu suffises il suffise n. suffisions v. suffisiez ils suffisent	je suffisse tu suffisses il suffît n. suffissions v. suffissiez ils suffissent	suffis suffisons suffisez	

不 定 法 現在分詞 過去分詞	直 説 法			
	現　　在	半 過 去	単純過去	単純未来
35. conduire *conduisant* *conduit*	je conduis tu conduis il conduit n. conduisons v. conduisez ils conduisent	je conduisais tu conduisais il conduisait n. conduisions v. conduisiez ils conduisaient	je conduisis tu conduisis il conduisit n. conduisîmes v. conduisîtes ils conduisirent	je conduirai tu conduiras il conduira n. conduirons v. conduirez ils conduiront
36. plaire *plaisant* *plu*	je plais tu plais il **plaît** n. plaisons v. plaisez ils plaisent	je plaisais tu plaisais il plaisait n. plaisions v. plaisiez ils plaisaient	je plus tu plus il plut n. plûmes v. plûtes ils plurent	je plairai tu plairas il plaira n. plairons v. plairez ils plairont
37. coudre *cousant* *cousu*	je couds tu couds il coud n. cousons v. cousez ils cousent	je cousais tu cousais il cousait n. cousions v. cousiez ils cousaient	je cousis tu cousis il cousit n. cousîmes v. cousîtes ils cousirent	je coudrai tu coudras il coudra n. coudrons v. coudrez ils coudront
38. suivre *suivant* *suivi*	je suis tu suis il suit n. suivons v. suivez ils suivent	je suivais tu suivais il suivait n. suivions v. suiviez ils suivaient	je suivis tu suivis il suivit n. suivîmes v. suivîtes ils suivirent	je suivrai tu suivras il suivra n. suivrons v. suivrez ils suivront
39. vivre *vivant* *vécu*	je vis tu vis il vit n. vivons v. vivez ils vivent	je vivais tu vivais il vivait n. vivions v. viviez ils vivaient	je vécus tu vécus il vécut n. vécûmes v. vécûtes ils vécurent	je vivrai tu vivras il vivra n. vivrons v. vivrez ils vivront
40. écrire *écrivant* *écrit*	j' écris tu écris il écrit n. écrivons v. écrivez ils écrivent	j' écrivais tu écrivais il écrivait n. écrivions v. écriviez ils écrivaient	j' écrivis tu écrivis il écrivit n. écrivîmes v. écrivîtes ils écrivirent	j' écrirai tu écriras il écrira n. écrirons v. écrirez ils écriront
41. boire *buvant* *bu*	je bois tu bois il boit n. buvons v. buvez ils boivent	je buvais tu buvais il buvait n. buvions v. buviez ils buvaient	je bus tu bus il but n. bûmes v. bûtes ils burent	je boirai tu boiras il boira n. boirons v. boirez ils boiront

条 件 法	接 続 法		命 令 法	同 型
現　　　在	現　　　在	半 過 去		
je conduirais tu conduirais il conduirait n. conduirions v. conduiriez ils conduiraient	je conduise tu conduises il conduise n. conduisions v. conduisiez ils conduisent	je conduisisse tu conduisisses il conduisît n. conduisissions v. conduisissiez ils conduisissent	conduis conduisons conduisez	**construire** **cuire** **détruire** **instruire** **introduire** **produire** **traduire**
je plairais tu plairais il plairait n. plairions v. plairiez ils plairaient	je plaise tu plaises il plaise n. plaisions v. plaisiez ils plaisent	je plusse tu plusses il plût n. plussions v. plussiez ils plussent	plais plaisons plaisez	**déplaire** **(se) taire** （ただし il se tait）
je coudrais tu coudrais il coudrait n. coudrions v. coudriez ils coudraient	je couse tu couses il couse n. cousions v. cousiez ils cousent	je cousisse tu cousisses il cousît n. cousissions v. cousissiez ils cousissent	couds cousons cousez	
je suivrais tu suivrais il suivrait n. suivrions v. suivriez ils suivraient	je suive tu suives il suive n. suivions v. suiviez ils suivent	je suivisse tu suivisses il suivît n. suivissions v. suivissiez ils suivissent	suis suivons suivez	**poursuivre**
je vivrais tu vivrais il vivrait n. vivrions v. vivriez ils vivraient	je vive tu vives il vive n. vivions v. viviez ils vivent	je vécusse tu vécusses il vécût n. vécussions v. vécussiez ils vécussent	vis vivons vivez	
j' écrirais tu écrirais il écrirait n. écririons v. écririez ils écriraient	j' écrive tu écrives il écrive n. écrivions v. écriviez ils écrivent	j' écrivisse tu écrivisses il écrivît n. écrivissions v. écrivissiez ils écrivissent	écris écrivons écrivez	**décrire** **inscrire**
je boirais tu boirais il boirait n. boirions v. boiriez ils boiraient	je boive tu boives il boive n. buvions v. buviez ils boivent	je busse tu busses il bût n. bussions v. bussiez ils bussent	bois buvons buvez	

不 定 法 現在分詞 過去分詞	直 説 法			
	現 在	半 過 去	単純過去	単純未来
42. résoudre *résolvant* *résolu*	je résous tu résous il résout n. résolvons v. résolvez ils résolvent	je résolvais tu résolvais il résolvait n. résolvions v. résolviez ils résolvaient	je résolus tu résolus il résolut n. résolûmes v. résolûtes ils résolurent	je résoudrai tu résoudras il résoudra n. résoudrons v. résoudrez ils résoudront
43. connaître *connaissant* *connu*	je connais tu connais il **connaît** n. connaissons v. connaissez ils connaissent	je connaissais tu connaissais il connaissait n. connaissions v. connaissiez ils connaissaient	je connus tu connus il connut n. connûmes v. connûtes ils connurent	je connaîtrai tu connaîtras il connaîtra n. connaîtrons v. connaîtrez ils connaîtront
44. naître *naissant* *né*	je nais tu nais il **naît** n. naissons v. naissez ils naissent	je naissais tu naissais il naissait n. naissions v. naissiez ils naissaient	je naquis tu naquis il naquit n. naquîmes v. naquîtes ils naquirent	je naîtrai tu naîtras il naîtra n. naîtrons v. naîtrez ils naîtront
45. croire *croyant* *cru*	je crois tu crois il croit n. croyons v. croyez ils croient	je croyais tu croyais il croyait n. croyions v. croyiez ils croyaient	je crus tu crus il crut n. crûmes v. crûtes ils crurent	je croirai tu croiras il croira n. croirons v. croirez ils croiront
46. battre *battant* *battu*	je bats tu bats il **bat** n. battons v. battez ils battent	je battais tu battais il battait n. battions v. battiez ils battaient	je battis tu battis il battit n. battîmes v. battîtes ils battirent	je battrai tu battras il battra n. battrons v. battrez ils battront
47. mettre *mettant* *mis*	je mets tu mets il **met** n. mettons v. mettez ils mettent	je mettais tu mettais il mettait n. mettions v. mettiez ils mettaient	je mis tu mis il mit n. mîmes v. mîtes ils mirent	je mettrai tu mettras il mettra n. mettrons v. mettrez ils mettront
48. rire *riant* *ri*	je ris tu ris il rit n. rions v. riez ils rient	je riais tu riais il riait n. riions v. riiez ils riaient	je ris tu ris il rit n. rîmes v. rîtes ils rirent	je rirai tu riras il rira n. rirons v. rirez ils riront

条件法		接続法		命令法	同型
現在		現在	半過去		
je résoudrais tu résoudrais il résoudrait n. résoudrions v. résoudriez ils résoudraient		je résolve tu résolves il résolve n. résolvions v. résolviez ils résolvent	je résolusse tu résolusses il résolût n. résolussions v. résolussiez ils résolussent	résous résolvons résolvez	
je connaîtrais tu connaîtrais il connaîtrait n. connaîtrions v. connaîtriez ils connaîtraient		je connaisse tu connaisses il connaisse n. connaissions v. connaissiez ils connaissent	je connusse tu connusses il connût n. connussions v. connussiez ils connussent	connais connaissons connaissez	注t の前にくるとき i→î. **apparaître** **disparaître** **paraître** **reconnaître**
je naîtrais tu naîtrais il naîtrait n. naîtrions v. naîtriez ils naîtraient		je naisse tu naisses il naisse n. naissions v. naissiez ils naissent	je naquisse tu naquisses il naquît n. naquissions v. naquissiez ils naquissent	nais naissons naissez	注t の前にくるとき i→î. 助動詞はêtre.
je croirais tu croirais il croirait n. croirions v. croiriez ils croiraient		je croie tu croies il croie n. croyions v. croyiez ils croient	je crusse tu crusses il crût n. crussions v. crussiez ils crussent	crois croyons croyez	
je battrais tu battrais il battrait n. battrions v. battriez ils battraient		je batte tu battes il batte n. battions v. battiez ils battent	je battisse tu battisses il battît n. battissions v. battissiez ils battissent	bats battons battez	**abattre** **combattre**
je mettrais tu mettrais il mettrait n. mettrions v. mettriez ils mettraient		je mette tu mettes il mette n. mettions v. mettiez ils mettent	je misse tu misses il mît n. missions v. missiez ils missent	mets mettons mettez	**admettre** **commettre** **permettre** **promettre** **remettre**
je rirais tu rirais il rirait n. ririons v. ririez ils riraient		je rie tu ries il rie n. riions v. riiez ils rient	je risse tu risses il rît n. rissions v. rissiez ils rissent	ris rions riez	**sourire**

不 定 法 現在分詞 過去分詞	直　説　法			
	現　　在	半　過　去	単純過去	単純未来
49. conclure *concluant* *conclu*	je　conclus tu　conclus il　conclut n.　concluons v.　concluez ils　concluent	je　concluais tu　concluais il　concluait n.　concluions v.　concluiez ils　concluaient	je　conclus tu　conclus il　conclut n.　conclûmes v.　conclûtes ils　conclurent	je　conclurai tu　concluras il　conclura n.　conclurons v.　conclurez ils　concluront
50. rompre *rompant* *rompu*	je　romps tu　romps il　rompt n.　rompons v.　rompez ils　rompent	je　rompais tu　rompais il　rompait n.　rompions v.　rompiez ils　rompaient	je　rompis tu　rompis il　rompit n.　rompîmes v.　rompîtes ils　rompirent	je　romprai tu　rompras il　rompra n.　romprons v.　romprez ils　rompront
51. vaincre *vainquant* *vaincu*	je　vaincs tu　vaincs il　**vainc** n.　vainquons v.　vainquez ils　vainquent	je　vainquais tu　vainquais il　vainquait n.　vainquions v.　vainquiez ils　vainquaient	je　vainquis tu　vainquis il　vainquit n.　vainquîmes v.　vainquîtes ils　vainquirent	je　vaincrai tu　vaincras il　vaincra n.　vaincrons v.　vaincrez ils　vaincront
52. recevoir *recevant* *reçu*	je　reçois tu　reçois il　reçoit n.　recevons v.　recevez ils　reçoivent	je　recevais tu　recevais il　recevait n.　recevions v.　receviez ils　recevaient	je　reçus tu　reçus il　reçut n.　reçûmes v.　reçûtes ils　reçurent	je　**recevrai** tu　**recevras** il　**recevra** n.　**recevrons** v.　**recevrez** ils　**recevront**
53. devoir *devant* *dû* (due, dus, dues)	je　dois tu　dois il　doit n.　devons v.　devez ils　doivent	je　devais tu　devais il　devait n.　devions v.　deviez ils　devaient	je　dus tu　dus il　dut n.　dûmes v.　dûtes ils　durent	je　**devrai** tu　**devras** il　**devra** n.　**devrons** v.　**devrez** ils　**devront**
54. pouvoir *pouvant* *pu*	je　**peux (puis)** tu　**peux** il　peut n.　pouvons v.　pouvez ils　peuvent	je　pouvais tu　pouvais il　pouvait n.　pouvions v.　pouviez ils　pouvaient	je　pus tu　pus il　put n.　pûmes v.　pûtes ils　purent	je　**pourrai** tu　**pourras** il　**pourra** n.　**pourrons** v.　**pourrez** ils　**pourront**
55. émouvoir *émouvant* *ému*	j'　émeus tu　émeus il　émeut n.　émouvons v.　émouvez ils　émeuvent	j'　émouvais tu　émouvais il　émouvait n.　émouvions v.　émouviez ils　émouvaient	j'　émus tu　émus il　émut n.　émûmes v.　émûtes ils　émurent	j'　**émouvrai** tu　**émouvras** il　**émouvra** n.　**émouvrons** v.　**émouvrez** ils　**émouvront**

条件法		接続法			命令法	同型
現在		現在		半過去		
je	conclurais	je	conclue	je	conclusse		
tu	conclurais	tu	conclues	tu	conclusses	conclus	
il	conclurait	il	conclue	il	conclût		
n.	conclurions	n.	concluions	n.	conclussions	concluons	
v.	concluriez	v.	concluiez	v.	conclussiez	concluez	
ils	concluraient	ils	concluent	ils	conclussent		
je	romprais	je	rompe	je	rompisse		**interrompre**
tu	romprais	tu	rompes	tu	rompisses	romps	
il	romprait	il	rompe	il	rompît		
n.	romprions	n.	rompions	n.	rompissions	rompons	
v.	rompriez	v.	rompiez	v.	rompissiez	rompez	
ils	rompraient	ils	rompent	ils	rompissent		
je	vaincrais	je	vainque	je	vainquisse		**convaincre**
tu	vaincrais	tu	vainques	tu	vainquisses	vaincs	
il	vaincrait	il	vainque	il	vainquît		
n.	vaincrions	n.	vainquions	n.	vainquissions	vainquons	
v.	vaincriez	v.	vainquiez	v.	vainquissiez	vainquez	
ils	vaincraient	ils	vainquent	ils	vainquissent		
je	recevrais	je	reçoive	je	reçusse		**apercevoir**
tu	recevrais	tu	reçoives	tu	reçusses	reçois	**concevoir**
il	recevrait	il	reçoive	il	reçût		
n.	recevrions	n.	recevions	n.	reçussions	recevons	
v.	recevriez	v.	receviez	v.	reçussiez	recevez	
ils	recevraient	ils	reçoivent	ils	reçussent		
je	devrais	je	doive	je	dusse		注 命令法はほとんど用いられない.
tu	devrais	tu	doives	tu	dusses	dois	
il	devrait	il	doive	il	dût		
n.	devrions	n.	devions	n.	dussions	devons	
v.	devriez	v.	deviez	v.	dussiez	devez	
ils	devraient	ils	doivent	ils	dussent		
je	pourrais	je	**puisse**	je	pusse		注 命令法はない.
tu	pourrais	tu	**puisses**	tu	pusses		
il	pourrait	il	**puisse**	il	pût		
n.	pourrions	n.	**puissions**	n.	pussions		
v.	pourriez	v.	**puissiez**	v.	pussiez		
ils	pourraient	ils	**puissent**	ils	pussent		
j'	émouvrais	j'	émeuve	j'	émusse		**mouvoir**
tu	émouvrais	tu	émeuves	tu	émusses	émeus	ただし過去分詞は
il	émouvrait	il	émeuve	il	émût		mû
n.	émouvrions	n.	émouvions	n.	émussions	émouvons	(mue, mus, mues)
v.	émouvriez	v.	émouviez	v.	émussiez	émouvez	
ils	émouvraient	ils	émeuvent	ils	émussent		

不 定 法 現在分詞 過去分詞	直　　説　　法			
	現　　在	半　過　去	単純過去	単純未来
56. savoir *sachant* *su*	je　sais tu　sais il　sait n.　savons v.　savez ils　savent	je　savais tu　savais il　savait n.　savions v.　saviez ils　savaient	je　sus tu　sus il　sut n.　sûmes v.　sûtes ils　surent	je　**saurai** tu　**sauras** il　**saura** n.　**saurons** v.　**saurez** ils　**sauront**
57. voir *voyant* *vu*	je　vois tu　vois il　voit n.　voyons v.　voyez ils　voient	je　voyais tu　voyais il　voyait n.　voyions v.　voyiez ils　voyaient	je　vis tu　vis il　vit n.　vîmes v.　vîtes ils　virent	je　**verrai** tu　**verras** il　**verra** n.　**verrons** v.　**verrez** ils　**verront**
58. vouloir *voulant* *voulu*	je　**veux** tu　**veux** il　veut n.　voulons v.　voulez ils　veulent	je　voulais tu　voulais il　voulait n.　voulions v.　vouliez ils　voulaient	je　voulus tu　voulus il　voulut n.　voulûmes v.　voulûtes ils　voulurent	je　**voudrai** tu　**voudras** il　**voudra** n.　**voudrons** v.　**voudrez** ils　**voudront**
59. valoir *valant* *valu*	je　**vaux** tu　**vaux** il　vaut n.　valons v.　valez ils　valent	je　valais tu　valais il　valait n.　valions v.　valiez ils　valaient	je　valus tu　valus il　valut n.　valûmes v.　valûtes ils　valurent	je　**vaudrai** tu　**vaudras** il　**vaudra** n.　**vaudrons** v.　**vaudrez** ils　**vaudront**
60. s'asseoir *s'asseyant*[1] *assis*	je　m'assieds[1] tu　t'assieds il　**s'assied** n.　n. asseyons v.　v. asseyez ils　s'asseyent	je　m'asseyais[1] tu　t'asseyais il　s'asseyait n.　n. asseyions v.　v. asseyiez ils　s'asseyaient	je　m'assis tu　t'assis il　s'assit n.　n. assîmes v.　v. assîtes ils　s'assirent	je　m'**assiérai**[1] tu　t'**assiéras** il　s'**assiéra** n.　n. **assiérons** v.　v. **assiérez** ils　s'**assiéront**
s'assoyant[2]	je　m'assois[2] tu　t'assois il　s'assoit n.　n. assoyons v.　v. assoyez ils　s'assoient	je　m'assoyais[2] tu　t'assoyais il　s'assoyait n.　n. assoyions v.　v. assoyiez ils　s'assoyaient		je　m'**assoirai**[2] tu　t'**assoiras** il　s'**assoira** n.　n. **assoirons** v.　v. **assoirez** ils　s'**assoiront**
61. pleuvoir *pleuvant* *plu*	il　pleut	il　pleuvait	il　plut	il　**pleuvra**
62. falloir *fallu*	il　faut	il　fallait	il　fallut	il　**faudra**

条件法	接続法		命令法	同　型
現　在	現　在	半過去		
je saurais tu saurais il saurait n. saurions v. sauriez ils sauraient	je **sache** tu **saches** il **sache** n. **sachions** v. **sachiez** ils **sachent**	je susse tu susses il sût n. sussions v. sussiez ils sussent	**sache** **sachons** **sachez**	
je verrais tu verrais il verrait n. verrions v. verriez ils verraient	je voie tu voies il voie n. voyions v. voyiez ils voient	je visse tu visses il vît n. vissions v. vissiez ils vissent	vois voyons voyez	**revoir**
je voudrais tu voudrais il voudrait n. voudrions v. voudriez ils voudraient	je **veuille** tu **veuilles** il **veuille** n. voulions v. vouliez ils **veuillent**	je voulusse tu voulusses il voulût n. voulussions v. voulussiez ils voulussent	**veuille** **veuillons** **veuillez**	
je vaudrais tu vaudrais il vaudrait n. vaudrions v. vaudriez ils vaudraient	je **vaille** tu **vailles** il **vaille** n. valions v. valiez ils **vaillent**	je valusse tu valusses il valût n. valussions v. valussiez ils valussent		注命令法はほとん ど用いられない.
je m'assiérais[1] tu t'assiérais il s'assiérait n. n. assiérions v. v. assiériez ils s'assiéraient	je m'asseye[1] tu t'asseyes il s'asseye n. n. asseyions v. v. asseyiez ils s'asseyent	j' m'assisse tu t'assisses il s'assît n. n. assissions v. v. assissiez ils s'assissent	assieds-toi[1] asseyons-nous asseyez-vous	注時称により2種の 活用があるが, (1)は古来の活用で, (2)は俗語調である. (1)の方が多く使われ る.
je m'assoirais[2] tu t'assoirais il s'assoirait n. n. assoirions v. v. assoiriez ils s'assoiraient	je m'assoie[2] tu t'assoies il s'assoie n. n. assoyions v. v. assoyiez ils s'assoient		assois-toi[2] assoyons-nous assoyez-vous	
il pleuvrait	il pleuve	il plût		注命令法はない.
il faudrait	il **faille**	il fallût		注命令法・現在分詞 はない.

NUMÉRAUX（数詞）

CARDINAUX（基数）	ORDINAUX（序数）	CARDINAUX	ORDINAUX
1 **un, une**	**premier**（**première**）	90 **quatre-vingt-dix**	**quatre-vingt-dixième**
2 deux	deuxième, second（e）	91 quatre-vingt-onze	quatre-vingt-onzième
3 trois	troisième	92 quatre-vingt-douze	quatre-vingt-douzième
4 quatre	quatrième	100 **cent**	**centième**
5 cinq	cinquième	101 cent un	cent（et）unième
6 six	sixième	102 cent deux	cent deuxième
7 sept	septième	110 cent dix	cent dixième
8 huit	huitième	120 cent vingt	cent vingtième
9 neuf	neuvième	130 cent trente	cent trentième
10 **dix**	**dixième**	140 cent quarante	cent quarantième
11 onze	onzième	150 cent cinquante	cent cinquantième
12 douze	douzième	160 cent soixante	cent soixantième
13 treize	treizième	170 cent soixante-dix	cent soixante-dixième
14 quatorze	quatorzième	180 cent quatre-vingts	cent quatre-vingtième
15 quinze	quinzième	190 cent quatre-vingt-dix	cent quatre-vingt-dixième
16 seize	seizième	200 **deux cents**	**deux centième**
17 dix-sept	dix-septième	201 deux cent un	deux cent unième
18 dix-huit	dix-huitième	202 deux cent deux	deux cent deuxième
19 dix-neuf	dix-neuvième	300 **trois cents**	**trois centième**
20 **vingt**	**vingtième**	301 trois cent un	trois cent unième
21 vingt et un	vingt et unième	302 trois cent deux	trois cent deuxième
22 vingt-deux	vingt-deuxième	400 **quatre cents**	**quatre centième**
23 vingt-trois	vingt-troisième	401 quatre cent un	quatre cent unième
30 **trente**	**trentième**	402 quatre cent deux	quatre cent deuxième
31 trente et un	trente et unième	500 **cinq cents**	**cinq centième**
32 trente-deux	trente-deuxième	501 cinq cent un	cinq cent unième
40 **quarante**	**quarantième**	502 cinq cent deux	cinq cent deuxième
41 quarante et un	quarante et unième	600 **six cents**	**six centième**
42 quarante-deux	quarante-deuxième	601 six cent un	six cent unième
50 **cinquante**	**cinquantième**	602 six cent deux	six cent deuxième
51 cinquante et un	cinquante et unième	700 **sept cents**	**sept centième**
52 cinquante-deux	cinquante-deuxième	701 sept cent un	sept cent unième
60 **soixante**	**soixantième**	702 sept cent deux	sept cent deuxième
61 soixante et un	soixante et unième	800 **huit cents**	**huit centième**
62 soixante-deux	soixante-deuxième	801 huit cent un	huit cent unième
70 **soixante-dix**	**soixante-dixième**	802 huit cent deux	huit cent deuxième
71 soixante et onze	soixante et onzième	900 **neuf cents**	**neuf centième**
72 soixante-douze	soixante-douzième	901 neuf cent un	neuf cent unième
80 **quatre-vingts**	**quatre-vingtième**	902 neuf cent deux	neuf cent deuxième
81 quatre-vingt-un	quatre-vingt-unième	1000 **mille**	**millième**
82 quatre-vingt-deux	quatre-vingt-deuxième		

1 000 000 | **un million** | **millionième** ‖ 1 000 000 000 | **un milliard** | **milliardième**